◎ 米 苏 编著

受益一生的50堂经典哲学课

中国纺织出版社

内 容 提 要

哲学不仅是一门学科，更重要的是给读者提供一种别样的思维方式。在当今浮躁的大时代下，如何看待现实、看待人生，如何理解生活、理解时代，是值得每个人思考的问题。学习哲学，既可以了解哲学的发展历程，了解著名哲学家的思想，又能从中获益——学会如何幸福地生活。

本书贯穿了整个西方哲学史，将每个阶段的哲学精髓、哲学大家的经典语录，全都摘录了出来。将故事性、趣味性、知识性、思考性融为一体，给读者提供一本不枯燥、有阅读价值的哲学书。

图书在版编目（CIP）数据

受益一生的50堂经典哲学课／米苏编著.—北京：中国纺织出版社，2016.7（2024.1重印）
ISBN 978-7-5180-2417-9

Ⅰ.①受…　Ⅱ.①米…Ⅲ.①哲学—通俗读物　Ⅳ.①B-49

中国版本图书馆CIP数据核字（2016）第043883号

策划编辑：郝珊珊　　　　责任印制：储志伟

中国纺织出版社出版发行
地址：北京市朝阳区百子湾东里A407号楼　邮政编码：100124
销售电话：010—67004422　传真：010—87155801
http：//www.c-textilep.com
E-mail：faxing@c-textilep.com
中国纺织出版社天猫旗舰店
官方微博http://weibo.com/2119887771
永清县晔盛亚胶印有限公司印刷　各地新华书店经销
2016年7月第1版　2024年1月第3次印刷
开本：710×1000　1/16　印张：15.5
字数：195千字　定价：47.00元

前言

一直以来，哲学给人的印象大都是枯燥乏味、晦涩难懂，似乎谈论的所有都凌驾于生活之上，与现实隔着长长的距离。其实不然，周国平先生在谈论哲学的用途时说道："哲学无实用，实用无哲学。"哲学就其本性而言，并不是要为我们解决生活和工作中的具体问题，它是要我们去思考根本的问题。当一个人懂得用哲学去思考问题的本质时，他就具备了一个宽阔的视野，具备了一个良好的心态，可以抵达更高的境界，活得更透彻、更明白。

然而，对于不是从事哲学专业研究的读者来说，了解的哲学家以及哲学思想往往都是碎片化的，许多人能说出柏拉图的名字，却未必知道他的思想；很多人能脱口而出"我思故我在"这句话，却记不起这究竟是谁的名言、真正的含义是什么。

在这个浮躁的气息愈发浓烈的时代，潜心阅读已成了一种奢侈，更何况是那些读起来枯燥无味、与轻松愉悦简直格格不入的哲学理论书。可外面的世界越是喧嚣，我们的内心越当保持宁静。选择了浮华，注定要失去思想的崇高；出没于喧嚣，注定会陷入焦躁。读哲学的目的并不是要成为哲人，像苏格拉底、亚里士多德那样先知先觉，而是要品味深藏在理论中的精髓，以此滋养心灵，提升内在，彻底唤醒沉寂的理性与桎梏的心灵。

一个人要活得明白，必须用头脑去观世界、树人生。每天抽出一点时间，读点儿哲学书，不是修一段苦行，而是开启心智的大门。为了能够让更多的读者系统地了解哲学，多认识一些重要的哲学家，正确理解他们的哲学思想，我们精心编写了这本《受益一生的50堂经典哲学课》。这本书以西方哲学史为基础，按照哲学发展的时间顺序，精心选取了50位著名的哲学家，用通俗易懂的语言讲述了他们的生平以及主要的哲学思想，文中还穿插了一些哲学大家们的趣闻轶事，让读者在轻松的阅读中走进哲学家们的真实生活和独特思想。

最后，真心希望每一位翻开此书的人，都可以透过哲学大师们的思想和哲语，在喧嚣中找到宁静，在浮华中发现真实，在繁杂中看到简单。

米苏

2016年2月

目 录

Lesson 1 泰勒斯 水是万物之源，一切都充满神明

博学的大家：从治驴有方到智斗商人

看过伊索寓言的朋友，一定还记得《驮盐和棉花的驴子》这个故事。一头自作聪明的偷懒驴子在帮主人驮运盐时，不小心在河里摔了一跤，盐融化之后变轻了。驴子尝到了甜头，以后干活时都这样做，害主人损失了很多盐。后来，主人让驴子驮运棉花时，驴子故技重施，结果棉花吸了水越来越重，驴子被淹死了。

故事不陌生，但故事背后的事情，可能很多人都不知道：那个给驴子设计圈套的"主人"的原型，其实就是大哲学家泰勒斯。

当时，盐矿需要用驴子把盐驮运到海岸线上，再将其放到货船上。在运盐的路上，驴子得蹚过一条浅浅的小河。一次，其中的一头驴不小心绊倒在河里，盐巴融化了，驴子起来时发现身上的负荷少了。此后，每次过河时，这头驴就故意在河里摔倒。盐矿的矿主担心驴子腿部受伤了，便请医生给它做检查，发现并无大碍。无奈之下，盐矿主只好找泰勒斯来帮忙。

泰勒斯观察了几天之后，很快就发现了问题所在。第二天，他用海绵替换了盐塞在麻袋里，让驴子驮着。当驴子走到小河中央时再次摔倒，海绵吸饱了水，一下子重了许多。在背了几天沉重的湿海绵之后，自作聪明的驴子就改掉了偷懒的毛病。

泰勒斯不仅对生活观察细致入微，还颇具商业头脑。

橄榄是希腊很重要的农作物，人们除了食用橄榄以外，还会榨取橄榄油用于做饭和点灯，或是当护肤品。有那么几年，当地的气候条件不适合橄榄生长，泰勒斯断定，这种糟糕的气候不会持续太久，于是他就走访了一些橄榄种植园，说愿意买下他们用来榨取橄榄油的设备。农民们一听大喜，因为急需用钱，就连忙把自己的榨油设备卖给了泰勒斯。

结果，泰勒斯买下榨油设备的那一年，气候条件出奇的好，橄榄大丰收。此时，农民们又需要设备来榨橄榄油了，泰勒斯便把之前买的设备租给这些人，一下子赚了不少钱。不久后，他又以合理的价格将这些设备卖给了橄榄种植户。

在此之前，曾有商人挖苦过他，说："理论是空口白话，有什么用呢？能给你带来金子和面包吗？"泰勒斯借助这次机会，给了对方一个教训，并对他说："我想要发财，简直易如反掌。可惜，我的心不在金钱上……"

他追求的不是金钱，是知识这一无价之宝

泰勒斯的心的确不在金钱上，他追求的是知识这一无价之宝。

泰勒斯（约公元前624—前546）出生在小亚细亚爱奥尼亚西岸的米利都，这是古希腊的一座城邦。据说，他有犹太人、希伯来人、腓尼基人的血统，当时社会对血统十分重视，因此他从小接受到了良好的教育，这也为他日后的成就奠定了基础。

泰勒斯热衷于研究哲学和自然，博学多才，被誉为希腊的"七贤"之一，与梭伦齐名。公元前600年，他从遥远的希腊到埃及游学，在此之前他已经去过很多东方国家，学习了不少数学和天文知识。在埃及这个古老神秘、充满智慧的国

度，泰勒斯做了一件很“酷”的事。

金字塔是古埃及国王的陵墓，在公元前2000多年，古埃及人民靠着最简单的工具，建造出如此雄伟而精致的建筑，的确令人佩服。只不过，在金字塔建成的1000多年里，因为它太高太大了，人们根本无法知道它究竟有多高？直到泰勒斯的出现，这个谜才有了答案。

泰勒斯的灵感，源于自己在阳光下的影子。那天，他当着法老和百姓的面，悠闲地踱着四方步来到金字塔面前，阳光将他的影子投射在地面上。每过几分钟，他就让人测量他影子的长度，当测量值与他的身高相等时，他马上将金字塔在地面上的投影处做一记号，然后再丈量金字塔底到投影尖顶的距离。这样，他就算出了金字塔的高度。在场的百姓，无不佩服。

在天文学方面，泰勒斯也有不少的贡献。北方天空中最明亮、最重要的星座之一，小熊星座，就是泰勒斯发现的。此外，他还曾经预言过公元前585年5月28日的日食；确立了冬至和夏至，以及每月30日和每年365天；提出太阳的直径是日道的七百二十分之一，这个数字比我们当今知道的太阳直径只略差了一点。

这个通晓数学、天文学、工程学，有着商业才干的博学大咖，几乎涉猎了当时人类的全部思想和活动领域，被誉为希腊科学之父。直到白发苍苍时，他开始致力于研究哲学，招收学生，并建立了米利都学派。

打破神话的束缚，去自然界寻找本原

水是万物之源

很遗憾，泰勒斯没有留下什么著作，如果非要用一句话来总结他的哲学，那么“水生万物，万物复归于水”再合适不过了。我们在前面也说过，泰勒斯是希腊的七贤之一，而七贤中每个人都有一句闻名的格言，泰勒斯的格言正是“水是最好的”。

早期的爱奥尼亚哲学家们，总希望能在变化不已的自然现象中找出不变的本体。然而，对于“宇宙的根源是什么”这一问题，神话的解释根本无法满足人的好奇心。和这些人一样，泰勒斯也想在宇宙间的各种质料中找到答案。

水、火、气、土，这四种元素是自然界最常见的四种元素，泰勒斯认为，水是这四种元素中形式变化最明显的：水冷到冰点时可以变化成固体冰，热到沸点时可以变化成气体。液体，固体，气体，这三种状态完全可以说明大部分的具体事物，最重要的是，任何有生命的东西都需要水才得以生存。

除了这一论据之外，泰勒斯又结合起早年在埃及游历时学习观察洪水的心得。当时，他仔细阅读了尼罗河每年涨退的记录，并亲自查看水退后的现象。结果，他确实有很大的发现：每次洪水退后，不仅会留下大片的淤泥，更重要的是，在淤泥中存在许多微小的胚芽和幼虫。看到这一现象，再联想起埃及人原有的宇宙神话，他得出了“水生万物”的结论。

这样的结论，在2000多年前的古希腊，俨然有着石破天惊的力量。在此之前，人们一直用神话来解释这个世界，还从未有谁用经验所及之物来说明万物的起源。他的结论，简直就是一场思想变革的标志。《科学史》的作者著名科学史家W．C．丹皮尔在评价泰勒斯时这样说道：“他第一次从大自然中来寻找自然的本原，而不是再拿神话故事说教来解释这个大千世界了，泰勒斯第一次远离了神甚至是抛弃了神。”

万物都有灵魂

如果说，任何有生命的东西都需要水才能够生存，那么没有生命的东西呢？

对此，泰勒斯又提出一个观点：世界充满神明。也就是说，神明的力量贯注于世间万物，无生命的东西也可能是“活的”。泰勒斯曾经用磁石与琥珀做了实验，发现这两种物体可以吸引铁片，确信它们的内部有生命力，只不过肉眼看不见而已。由此，泰勒斯得出一个结论：任何一块石头，看起来冰冷坚硬、毫无生气，却也有灵魂蕴含其中。

米利都学派的毕达哥拉斯，在哲学观点上与泰勒斯对立，泰勒斯反复地向毕达哥拉斯强调："整个宇宙都是有生命的，而又正是灵魂使一切生机盎然。"这一观点十分流行，直到公元前300年，斯多葛派的哲学家还在用泰勒斯的实验来证明世间万物因生命而相互吸引。

当然，泰勒斯的"万物有灵论"并不是真正的唯物论，而更像是活物论。因为，真正的唯物论是人类清楚分辨物质与精神的差异之后才出现的。但不管怎样，泰勒斯摆脱了人们一直以来的神话思维，只由经验所及的现象来探求万物的根源，并由此根源解释万物的变化，是人类思想的一次伟大飞跃。

一个不属于常人的世界

仰望星空的人

英国的王尔德曾经说过："我们都生活在阴沟里，但仍有一些人还在仰望星空。"

泰勒斯，就是那个仰望星空的人。据说，有天晚上，泰勒斯走在旷野之间，抬头看着星空，满天星斗，他预言第二天会下雨。就在他预言的时候，没看见脚下有个坑，扑通一声就掉了进去，险些要了命。好心人路过，将其救了起来。这时，泰勒斯说："谢谢你把我救起来，可你知道吗，明天会下雨。"

后人把这件事纳入了哲学家笑话之中，嘲笑哲学家只知道天上的事情，却不知道脚下发生了什么事。可是，2000年以后，德国哲学家黑格尔却说："一个民族只有有那些关注天空的人，这个民族才有希望。如果一个民族只关心眼下脚下的事情，这个民族是没有未来的。”

哲学的鼻祖，不是那么容易炼成的。专心致志，做到的又有几人呢？正因为泰勒斯心中只想着 “天空的事”，他才能够成为希腊智慧第一人。

孤独的绝世天才

泰勒斯一直过着孤独的生活，终身未娶。年轻时，泰勒斯的母亲劝他结婚，他说：“还不到时候。”等他年纪大了，母亲逼他结婚时，他又说：“已经过了那个时候了。”

梭伦曾经到米利都去探望过泰勒斯，询问他为何不娶妻生子。为了让梭伦明白自己所想，泰勒斯雇佣了一个人假扮从雅典来的客人，带给梭伦一个噩耗，说梭伦的儿子去世了。听闻这个消息，梭伦悲痛欲绝。这时，泰勒斯对梭伦说：“像你这样意志坚强的人，遇到此事都会萎靡不振，何况我呢？这就是我不娶妻生子的缘故。不过，你不用难过，这个消息是假的。”梭伦看着面前的这个人，似乎在刹那间懂得了这位希腊第一智者。

大约在公元前546年，年近八十的泰勒斯在一次观看体育比赛时平静地死去。他的学生阿那克·西曼德和阿那克·西曼德的学生阿那克·西美尼将米利都学派发扬光大。

★ 别人为食而生存，我为生存而食。

★ 宇宙的起源是水，一切都充满神明。

★ 请进，神明也在这儿。

★ 只有那些从不仰望星空的人，才不会跌入坑中。

★ 在数学的天地里，重要的不是我们知道什么，而是我们如何知道。

Lesson 2 毕达哥拉斯 一切都是变化的，唯有“数”是永恒的

一个极力推崇“数”的思想家

提起“勾股定理”，多数人都不会陌生，即直角三角形的斜边平方，为两个直角边的平方之和。发现这则著名的数学定理的人，就是哲学家毕达哥拉斯。

公元前582年，在小亚细亚沿岸一座叫萨摩斯的岛屿上，毕达哥拉斯出生了。此时，岛屿正处于极盛时期，在经济、文化方面都超越了希腊本土的各个城邦。毕达哥拉斯的父亲是一位富有的商人，很小的时候，他就被父亲送到提尔，在那里他接触到东方的宗教和文化。公元前551年，毕达哥拉斯到米利都拜访了泰勒斯、阿那克·西曼德，并成了他们的学生，开始了他的哲学生涯。

与泰勒斯不同，毕达哥拉斯十分重视“数”，企图用数来解释一切。他主张，宇宙的本原不是水，而是数。在他看来，每个事物的背后都包含数，都能够用数来度量，“数”比起任何具体质料，都更适合作为万物的本原，因为它与存在着及生长着的物体之间有更多的相似点。整个宇宙，是这样从数中演化出来的：一产生出二，从一和二产生出点，从点产生出线，从线产生出平面，从平面产生出立体，从立体产生出可感物体。这种可感物体的元素，有水、火、气、土

四种，这些元素以各种方式相互转化，结合在一起就产生出有生命、有智性、球形的宇宙。一切都是变化的，唯有数是永恒的。

毕达哥拉斯还认为，数既是本原，也是万物的质料及其本性与规定，数的元素是偶（代表无限）与奇（代表有限），而“一”则兼具奇偶两种性质。由此，他还推出了十对基本对立，即“有限与无限，奇数与偶数，单一与众多，直线与曲线，左方与右方，阳性与阴性，静止与运动，善良与邪恶，光明与黑暗，正方与长方”。其中，有限与无限、一与多的对立是最基本的对立，并称世界上一切事物均还原为这十对对立。

在几何方面，毕达哥拉斯证明了“三角形内角之和等于两个直角”的论断；研究了黄金分割；发现了正五角形和形似多边形的做法；还证明了正多面体只有五种，即正四面体、正六面体、正八面体、正十二面体和正二十面体。

许多人不解，既然毕达哥拉斯对“数”如此着迷且颇有研究，那么为何将其称之为“哲学家”呢？这是因为，他一方面试图用一个元素，即数字，来说明万物的起源；另一方面，就是我们下面要说的，毕达哥拉斯的“灵魂论”及伦理观，对后世有巨大的影响。

灵魂是不朽的东西，可以轮回转世

相传，毕达哥拉斯曾经看到一只被人鞭打的小狗而起了怜悯之心，并上前制止，说：“住手，不要再打它了，我一个朋友的灵魂寄居在它身上，我听到了他的声音。”

故事的真伪，我们无从去考证了，但有一点却是不争的事实：毕达哥拉斯在离开萨摩斯岛后，迁往了南意大利的克罗顿。在那里，他为居民立法，手握大权，并创办了一个研究哲学、数学和自然科学的团体，后来便发展成为一个有秘密仪式和严格戒律的宗教性学派组织。这个学派有着浓厚的宗教色彩，把哲学与宗教结合在一起，对灵魂的问题进行了深入的探讨，其基本观点就是：灵魂不死，灵魂轮回，灵魂净化。

史料记载，毕达哥拉斯将人的灵魂分成三个部分：表象，心灵，生气。动物有表象与生气，人却还有心灵。灵魂的位置，是从心到脑，在心里的部分是生气，心灵和表象在脑子里。各种感觉就是这两个部分的点滴。灵魂的理性部分是不死的，其余的部分则会死亡。

从这段话里可以看出，毕达哥拉斯将灵魂分为感觉和理性两部分，认为灵魂的感觉部分会死亡，理性部分不会死亡。他主张，一切生物皆有亲属关系，灵魂轮回会转生为其他生物，甚至是植物，所有的生物形成一个统一的整体。

毕达哥拉斯及其学派认为，灵魂是独立于肉体而存在的，人生的目的就是妥善地照顾灵魂，借助静默修持、音乐熏陶、哲学思辨等方法来达到灵魂的净化，使灵魂处于和谐状态。

伦理道德观：公正、尊敬、自律

处世：公正，一定要公正

在早年治学时期，毕达哥拉斯经常到各地演讲，并谈起道德伦理的问题。他认为，做人做事一定要公正，如果不公正，就破坏了秩序与和谐。在这方面，那些掌握着权贵的大人物们，更应当重视。

治家：奉献、尊重、珍惜

谈到治家的问题时，毕达哥拉斯认为，父母给予子女关爱，不应该是为了谋求回报，身为父母当为孩子树立一个好的榜样，以此来赢得子女的尊重与敬爱。作为子女，应该珍惜父母的爱，与父母建立朋友式的关系。兄弟姐妹之间，应当互敬互爱；夫妻之间，要在尊重的基础上，忠诚于对方。

修身：自律是一种美德

毕达哥拉斯曾经谈到过自律的问题，他认为，对任何年龄层、任何身份的人来说，自律都是一种美德，是一种对人性的考验。养成自律的习惯，能够保持心灵的洁净，磨炼坚强的意志。这一点对于年轻人来说，更是重要。

宁死也不践踏豆子

毕达哥拉斯创建的学派组织带有浓郁的宗教色彩，学员不仅要在学术上达到一定的水平，还必须遵守组织内的各项规范与戒律，其中有不少规矩都属于原始的禁忌观念，比如：东西落下了，不可以用手捡起来；不可以碰触白公鸡；不可以在光亮的旁边照镜子；不可以吃动物内脏；不可以养脚爪有钩的鸟；不可以吃豆子，等等。

也许是偶然，也许是必然，毕达哥拉斯本人就死于自己制定的戒律。

公元前500年的一天，毕达哥拉斯在朋友家里做客，突然间房子遭人纵火。门徒们用身体在大火上搭了一座人桥使他得以逃离火海。仇敌们穷追不舍，他们几经突围才冲出了包围圈，最后跑到了一片豆子地旁。换作常人，肯定会冲过去保命，可是毕达哥拉斯没有这么做。

因为，在他们的戒律里，有一条就是不可以吃豆子。把豆瓣掰开，会发现里面都有一个小小的、尚未发育成型的“人”，如果吃豆子，或是践踏豆子，就是亵渎圣灵，所以任由门徒们怎么催促，他都不肯穿过豆子地。最后，他被仇敌抓住，割断了喉管。

一位伟大的思想家、哲学家，就这样结束了他的一生，这样的结局，是不是太戏剧化了？

★ 不能制约自己的人，不能称之为自由的人。

★ 愤怒以愚蠢开始，以后悔告终。

★ 要这样生活：使你的朋友不致成为仇人，使你的仇人却成为朋友。

★ 无论是别人在跟前或者自己单独的时候，都不要做一点卑劣的事情：最要紧的是自尊。

★ 思而后行，以免做出蠢事。因为草率的动作和言语，均是卑劣的特征。

★ 别的动物也都具有智力、热情，理性只有人类才有。

★ 法律一旦成为人们的需要，人们就不再配享受自由了。

★ 友谊是一种和谐的平等。

Lesson 3 赫拉克利特 世界是永恒的活火，万物流转不息

富有传奇色彩的“哲学怪咖”

在众多的古希腊哲学家中，有一位大家受的争议颇多。因为行为怪异，有人怀疑他精神可能不太正常；因为思想独特，有人称他为“晦涩哲人”；因为生性忧郁，有人给他起了一个文艺的别名，叫“哭泣的哲学家”。这位富有传奇色彩的大咖，就是赫拉克利特。

赫拉克利特（约公元前530—前475）出生在小亚细亚沿岸，米利都稍北的以弗所。他是爱奥尼亚地区的爱菲斯城邦的王位继承人，可他不爱权贵，厌恶腐朽糜烂的贵族生活，就把王位让给了自己的弟弟，自己跑到了女神阿尔迪美斯庙附近，过起了逍遥自在的隐居生活。独居的时候，他经常跟小孩子一起玩游戏，周围的人都觉得好奇，经常过来围观。有人问他：“为什么一直沉默不语？”他说：“为什么？最好的答案就是让你们去喋喋不休。”

赫拉克利特自视甚高，他认为：“一个人如果最优秀，我看就抵得上一万人。”他敢于反对一切传统权威，就连名声显赫的诗人荷马和赫西俄德，他也不屑一顾。他曾说：“应该把荷马从赛会中赶出去，并且抽他一顿鞭子。”

曾经，波斯国王大流士写信给赫拉克利特，希望他能到波斯宫廷去教导希腊文化。赫拉克利特傲慢地拒绝了，他说：“在这个世界上，有这么多的人忙忙碌

碌地活着，但他们对真理和正义是如此的陌生，在他们身上存在着可恶的愚昧，生活上，保持着无节制和虚伪妄想的意见。但我已经把所有罪恶都遗忘了，那些跟随我的无边的妒忌和高高在上的傲慢也被我遗弃了。所以我是不会来波斯的，穷山野岭会满足我的卑微，并保持我的素志。”

赫拉克利特始终将目光对准自己的内心，过着自我封闭式的人生。生活中的他，没有朋友，没有女性朋友，也没有敌人。他鄙视自己的同类，晚年的他几乎过的都是隐居生活，只靠着野菜和水维持生命，拒绝与任何人往来。在同类看来，他是一只稀有动物，独来独往，但不惹事，也不令人厌恶，对他只有尊敬和惊奇，并无敌意。赫拉克利特的作品里透露着这样一个信息：女人始终处于跟男人的斗争之中，这是诸多斗争中的一个，世界就是在这些斗争中产生的。正因为此，他平日极少甚至避免跟女性接触。

尽管赫拉克利特性格孤僻，蔑视民众，厌恶政治，鄙视流俗，过着离群索居的生活，但他在哲学史上的成就却不可小觑。他曾写过一本名为《论自然》的书，分为“论宇宙”“论政治”和“论神灵”三部分。只可惜该书大多已失传，现只留存130多段残篇，里面的思想极为深邃，大都是深奥的辩证法，只是文字晦涩难懂，富有隐喻。有人说，他是故意把书写成这样的，目的是只给行家看。正因这本书难懂，他才被后人称之为“晦涩哲人”。

世界的本原，是永恒的活火

赫拉克利特继承了米利都学派的传统，从具体的物质形态中寻找万物的本原。只不过，他跟泰勒斯的观点不同，认为世界的本原不是水，而是火——永恒的火。他说：“这个世界，对于一切存在物都是一样的，它不是任何神所创造的，也不是任何人所创造的；它过去、现在、未来永远是一团永恒的活火，在一定的分寸上燃烧，在一定的分寸上熄灭。”

为什么要将火视为万物的本原呢？赫拉克利特给出的解释是，火比其他元素更活跃，更富有变化。他认为，世界万物起源于火，又复归于火；一切转为火，火又转为一切。他认为：火熄灭变成气，气浓缩变成水，水凝固变成土，这就是火的熄灭过程，称“下行之路”；相反，土消融变成水，水蒸发变成气，气燃烧变成火，就是火的燃烧过程，称“上行之路”；上行的路和下行的路是同一条路，两者不断循环。

相比米利都学派的思想，赫拉克利特的本原观更加复杂而深刻，它揭示了火是万物的本原，且是一种运动着的物质性的基质，同时还指出了火与世界万物运动变化所遵循的规定不变的秩序或规律。

逻各斯学说：万物永动，且有规可循

对于事物运动该变化所遵循的不变的秩序或规律，赫拉克利特将其称之为“逻各斯”。在希腊语中，“逻各斯”可以解释为“道理、规律、理性”。在赫拉克利特的哲学中，逻各斯特指“作为本原的火的本性”。他说：“这个火是赋有思想的，并且是整个世界的原因。”

在赫拉克利特看来，万事万物都是根据逻各斯产生的，并遵循逻各斯。逻各斯是驾驭一切的客观理性，也是每个人都具有的，能够支配人的思维的主观理性。通俗解释就是，认识事物的本原、本性不容易，因为它们总隐藏在可感事物的背后，只能靠思想和理性去认识。

就上述的观点来说，赫拉克利特的哲学已经有了认识论的雏形，而自从他第一次提出逻各斯这一概念并赋予它必然性和理性的含义后，它也一直被西方众多哲学派别沿用，甚至成了西方传统哲学的核心内容，为西方哲学中的理性主义传统提供了永不枯竭的源头。

人不可能两次走进同一条河流

赫拉克利特有一句名言："人不能两次走进同一条河流。"意思是说，河水是不断流动的，你这次踏进河时的水，即刻就流走了，等你下次再踏进河时，水已经不是原来的水了。所以，你根本无法踏进同一条河流。

这句话，形象地说明了客观事物是永恒运动的，也代表了赫拉克利特的主张——万物皆流，无物常往。据说，当他发现这一规律时还落泪了，因此得到了一个别名——"哭泣的哲学家"。对于此观点，恩格斯曾经评价说："这个原始的、朴素的但实质上正确的世界观，是古希腊哲学的世界观，而且是由赫拉克利特第一次明白地表述出来的：一切都存在，同时又不存在，因为一切都在流动，都在不断地变化，不断地产生和消失。"

除了"万物皆流"的观点，赫拉克利特还认为，事物是相互转化的，即对立统一的思想：

对立面的统一。一切事物都包含对立的两个方面，如一与多，冷与热，好与坏，善与恶，但对立物在根本上是统一的，如"疾病能使健康变得美好""坏事能让好事变得愉快"等。

对立面的转化。对立的双方不是凝固的，而是相互联系、相互统一，且不断地向着它对立的方向转化的。比如，冷的变热，热的变冷；湿的变干，干的变湿，等等。

对立面的斗争。赫拉克利特认为，事物之所以会发生变化，原因在于对立面的斗争。斗争是事物变化的根源，如果没有斗争，那么宇宙也将不复存在。

从对立统一的观点出发，赫拉克利特还提出了一个思想，那就是认识的相对性。他认为，任何事物都有相对的两面性，事物性质的差异取决于认识主体和评价标准的不同。举几个简单的例子：驴子情愿吃草，也不要黄金；最美的猴子跟人类相比，也是丑的。

赫拉克利特的思想，渗透着浓厚的辩证法思想。他是爱菲斯学派的创始者，也是古希腊辩证法思想的创始人。尽管他的辩证法是朴素的、自发的，带有循环论的色彩，可就他生活的年代而言，有这样的思想依然是很可贵的。他的思想观点以及贡献，得到了后世不少学者及哲学家的肯定与赞扬。

死亡是醒时所看见的一切

赫拉克利特不仅赋予了哲学“一个完善的开端”，他也是西方哲学史上第一个用自然的眼光看待死亡的哲学家。他说：“死亡就是我们醒时所看见的一切，睡眠就是我们梦寐中所看到的一切。不可以像睡着的人那样行事和说话，因为在睡梦中我们也以为在行事和说话。”

对于“睡着的人”，可以有两种解释：一是死者，二是蒙昧者。他指出，要创造世界必须由两者合力才行。处于“创世”的状态中，太阳和光明被黑暗所遮蔽，此时就要寻找一盏灯，为自己点燃。

关于人的灵魂，赫拉克利特认为，它由火组成，但来自由宇宙之火所产生的水，如果它再度回归于水，则是死亡。因此，灵魂必须力求干燥，干燥的灵魂才是最智慧、最高贵的灵魂。有德的人，在身体死亡时，灵魂不会变成水，而是依然活着去加入宇宙之火。

不知是巧合还是怎样，这位孤僻而怪异的哲学家，生命之火最终竟然真的被水熄灭了。

赫拉克利特晚年流浪于山间，不食人间烟火，只吃草根树皮，这样的生活方式让他在60岁时患上了水肿病。他到城里去求医，不直接说自己的病情，反而跟医生打哑谜，问医生能否在大雨之后使大地变干？医生不明白他的意思，给不出什么好的建议。于是，赫拉克利特就把自己关进了牛棚，用牛粪覆盖全身，希望热力能使他变得干燥，结果就这样死去了。

而今，这位哲学怪咖已经离我们很久远了，但他在西方哲学史上的贡献和地位，却永远不会被人遗忘。因为无论何时，我们都离不开本真的求索精神，都需要绝妙的辩证法。

★ 如果幸福在于肉体的快感，那么就应当说，牛找到草料吃的时候是幸福的。

★ 一个人如果不是真正有道德，就不可能真正有智慧。

★ 智慧只在于一件事，就是认识那善于驾驭一切的思想。

★ 猪在泥泞中洗澡，家禽则在灰尘中净身。

★ 教养是有教养的人的第二个太阳。

★ 公正，一定会打倒那些说假话和做假证的人。

★ 品性是一个人的守护神。

★ 人不能两次踏入同一条河流，因为无论是这条河还是这个人都已经不同。

Lesson 4 巴门尼德 存在者存在，非存在者不存在

横空出世的“存在主义之父”

当所有人还在咀嚼回味毕达哥拉斯学派“万物皆变”的思想时，一个异样的声音出现了，他说，没有事物是变化的。这个横空出世的说话者，正是巴门尼德。

巴门尼德（约公元前515—前440）出生在意大利南部埃利亚的一个豪门家庭，据资料记载，巴门尼德仪表堂堂，风度翩翩，知识渊博，他的品行在当时一度成为道德典范。他喜欢云游四海，向人们宣讲他的认识和见解，他曾经为埃利亚的城邦立过法，也曾到过毕达哥拉斯学派的中心克罗顿，晚年还游历过雅典。

年轻时，巴门尼德师从诺芬尼，受其“万物为一，一为神”思想的影响；但真正引导他走向沉思生活的，是毕达哥拉斯学派的成员阿美尼亚，两人交往甚密，有师友关系。因此，巴门尼德在思想方法和哲学原理上，对毕达哥拉斯学派的学说有更多、更直接的继承与批判。

巴门尼德的出现，是古希腊哲学史上的一个伟大的转折点，更是一次质的飞跃。他提出了“思维与存在同一性”的命题，此后，思维与存在的关系则逐渐成为哲学的基本问题。

一个理性主义者的存在哲学

巴门尼德曾经写过一篇哲理长诗《论自然》，讲的是自己来自无知的黑夜，在人群中孤寂地走着自己的道路，最后得到了女神的教诲，觉悟了真理。诗中，他借助女神之口，提出了两条研究的途径：一条是“存在存在，不可能不存在”；另一条是“存在不存在，非存在存在”。

通过逻辑论证，巴门尼德得出结论：第一条是“确信的途径，因为它与真理同行”，第二条是“根本不可能的”，因此，他把第一条路视为“真理之路”，通过这条路哲学将走向世界的永恒真理；至于第二条路，他称之为“意见之路”，因为它会让哲学沉迷于轻浮的现象世界，根本无法触及世界的本质。

沿着“真理之路”，以“存在”为认识对象，巴门尼德又集中探讨了存在的特性，以及它与思想的关系，即存在是永恒的，不生不灭；存在是唯一的、连续的、不可分的；存在是不动的；存在是完满的；存在是思想的对象。

当那些自然学家们试图在变动不居的自然中找到永恒不变的本原时，巴门尼德却说，世界上根本没有真正的变化，没有任何事物可以变成另外一种事物，真正不变的只能是“存在”。他认为，整个世界的本质就是一个永恒的、唯一的、不动的存在，即“存在者”，人们所感觉到的变化着的事物，并非是真实的东西，只是一种幻象。在感官和理性之间，巴门尼德果断选择了后者，可见他是一个纯粹的理性主义者。

关于存在与思想的关系，巴门尼德曾经说过：“可以被思想的东西和思想的目标是同一的，因为你找不到一个思想是没有它所表达的存在物的。”在他看来，只有“存在”才能被思想，不能被思想的东西是不存在的。“存在”是思想指向的唯一课题，也是思想的最终目的。换而言之，当你在思想的时候，你必定是想到了某种事物；当你使用一个名字的时候，它必定是某种事物的名字。这就是著名的“思维与存在是同一的”命题。

巴门尼德哲学是希腊哲学的转折点，而黑格尔也曾将巴门尼德称之为“真正的哲学史的开端”。因为他不再像从前的哲学家那样侧重于研究世界的本原和派生物的关系，而是开始研究世界的本质与现象的关系，这也为后来的西方哲学确定了基本的方向。

婚姻像鞋子，合不合脚自己知道

现代人时常将婚姻比作鞋子，这看似前卫的形象比喻，实则在遥远的希腊时期，就已经被巴门尼德用过了。

相传，他跟贤良淑德的妻子离婚后，不少朋友们都替他惋惜，说如此尽善尽美的妻子，竟然被他抛弃，实在很过分。为此，有的朋友特意找到巴门尼德，质问他：“是不是你的妻子不够贞洁？”巴门尼德摇摇头，说不是。“是不是你嫌弃她不够漂亮，心有他属了？”巴门尼德依然摇头否认。“难道是因为她不能为你生儿育女？”巴门尼德矢口否认。他的冷漠和沉默让朋友很恼火，对方逼着他给出一个理由。

只见巴门尼德拿出一只鞋子，问朋友：“你说，这只鞋子怎么样？”朋友拿在手里，仔细瞧了瞧，说做工很精细。巴门尼德又问：“你说，这只鞋子新不新？”朋友点点头，说一看就知道没有穿过。这时，巴门尼德说：“可我就是穿着这双鞋不舒服，你能说清楚这只鞋子到底是哪儿夹我的脚了吗？”朋友哑口无言，终于理解了巴门尼德的苦衷。

★ 存在者存在，不存在者不存在。

★ 如果我们所想的东西并不因此就存在，我们就思想不到存在。

★ 你找不到一个思想是没有它所表达的存在物的。

Lesson 5 芝诺 阿喀琉斯永远追不上乌龟

被称为“诡辩者”的哲学家

阿喀琉斯是古希腊奥运会中的一名长跑冠军，然而有一个人却说，这个长跑健将永远也追不上乌龟。提出这一有趣说法的人，就是古希腊的哲学家芝诺。

芝诺（约公元前490—前425）是古希腊著名的哲学家，出生在埃利亚城邦，是巴门尼德的学生兼朋友。据柏拉图在他的对话《巴门尼德》篇中讲，芝诺长得仪表堂堂，身材魁梧，真假与否我们无从考证。在品性方面，据说芝诺品德高尚，蔑视权贵，反对僭主独裁，曾经因为谋反被僭主逮捕，备受折磨。僭主让他说出同谋的名字，芝诺却说，僭主所有的朋友都是他的同谋；在被用刑之后，芝诺愤恨地对僭主说：“我的同谋就是你！”

有人说，芝诺最终唤醒了埃利亚人民的灵魂，激励了他们发动起义，杀了僭主，救了芝诺；也有人说，僭主最终命人打死了芝诺。真相究竟是什么，谁也无法说清，但有一点是不争的事实：芝诺离开这个世界很久了，但他的思想却一直没有被人们忽略和遗忘，围绕芝诺的争论也依然喋喋不休。

19世纪下半叶之前，人们普遍认为芝诺的悖论不过是一些有意思的谬论。罗素曾经说：“在这个变化无常的世界上，没有什么比死后的声誉更变化无常了，死后得不到应有的评价的最显眼的牺牲品莫过于埃利亚的芝诺了。他虽然发明了四个无限微妙、无限深邃的悖论，后世的大批哲学家们却宣称他只不过是一个聪明的骗子，而他的悖论只不过是一些诡辩，遭到两千多年的连续驳斥之后，这些'诡辩'才得以正名……"

有关运动的四则著名悖论

芝诺全力维护老师巴门尼德的"存在论"，但与老师不同的是，他并不是从正面去证明是"一"不是"多"，是"静"不是"动"，而是常常用归谬法从反方面去证明，他的议论后来就成了有名的"芝诺悖论"。他是第一个提出悖论的人。

公元前5世纪的评论家普洛克罗斯曾说，芝诺一共推出了40个不同的悖论。可惜，他的著作已经失传，人们只能从亚里士多德的《物理论》及其注释里了解芝诺的悖论。现存的芝诺悖论至少有八个，其中关于运动的四则悖论最为著名。

二分说：运动是不存在的

芝诺的二分说认为：运动是不存在的，因为位移事物在到达目的地之前必须先抵达一半处。假设，一个物体要从A运动到B，那么它必须先到达AB的中点C；要到达C点，又必须先到达CB的中点D，再随后要到达DB的中点E……依次类推，这个二分过程可以无限地进行下去，而中点也会有无限多。所以，该物体永远也到不了终点B。

由此说法还能得出一个结论：运动是不可能发生的，甚至连开始都有困难。因为，物体在通过后半段的路程之前，必须先得完成1/2的路程，在完成1/2的路程之前又必须先完成前1/4的路程……这么推算下去，物体根本就无法开始运动，它始终被道路无限分割阻碍着。

阿喀琉斯永远追不上乌龟

开篇时我们就已经提到芝诺这个有趣的悖论：长跑健将阿喀琉斯追不上乌龟。这个论点的意思其实是在讲，一个跑得最快的人永远也追不上跑得最慢的人，理由与二分法如出一辙。

假如，乌龟的起点是A，那么阿喀琉斯首先必须跑到A点；当阿喀琉斯跑到A点时，乌龟已经走到了B点，阿喀琉斯又必须跑到B点，而此时乌龟又已经跑到了B前面的C点……依次类推，阿喀琉斯与乌龟的距离越来越近，但他永远在乌龟的后面，追不上它。

飞着的箭其实是静止的

芝诺认为："如果任何事物，当它是在一个和自己大小相同的空间里时（没有越出它），它是静止着；如果位移的事物总是在'现在'里占有这样一个空间，那么飞着的箭是不动的。"这句话的意思是说，任何一个东西待在一个地方不能称之为运动，飞着的箭在任何一个时刻也是待在一个地方，既如此，它当然是静止的。

运动场悖论

假设有三列实体AAAA、BBBB、CCCC，A行列静止不动，B和C依照箭头的方向运动（如下图所示）。那么，当B的前端通过全部四个C的时候，却只通过了两个A。因为经过每个物体的时间是相等的，所以一半时间和整个时间相等。

AAAA

BBBB→

←CCCC

上述的四种悖论可以划分为两组：前两个假设时间空间是连续的，可以无限细分；后两个假定时间空间是间断的。芝诺列举这两种情况，是为了证明一点：无论时间是连续的还是间断的，运动都不可能发生，一旦发生就会出现荒谬的问题。

★ 运动的东西既不在它所在的地方运动，也不在它无所不在的地方运动。

★ 一飞箭在每一瞬间皆占一位置，所以它是静止的。

★ 人的知识就好比一个圆圈，圆圈里面是已知的，圆圈外面是未知的。你知道得越多，圆圈也就越大，你不知道的也就越多。

★ 妒忌是对别人幸运的一种烦恼。

Lesson 6 恩培多克勒 用生命拥抱自己的思想

一生充满传奇色彩的预言家

恩培多克勒（约公元前495—前435）出生在意大利西西里阿克拉噶斯一个颇有名望的家庭。年轻时的恩培多克勒，曾经毫不犹豫地投身于政治。当年，他在家乡策动了一场推翻暴君的斗争，那些感激的公民愿意把君王的位子留给他，但恩培多克勒并不在意名利地位这些虚华的东西，他宁愿把时间花在研究哲学上。

在西西里这个城市中，民众和僭主之间经常会发生冲突，不管哪一方的领袖被打败，都难逃被杀戮或流放的厄运。那些被流放的人，为了生存，往往都会勾结希腊的敌人——东方的波斯和西方的迦太基。恩培多克勒在某一时期，也遭到了放逐，但他不愿做流亡的阴谋家，而是选择了一种圣贤的事业。

在流放之前，他就把政治和科学联系在一起，但有人说，他是到了晚年作为流放者的时候，才成了一个神秘的预言家。恩培多克勒有一大群追随者，他在传授知识时，往往将其当作神的启示，受他衣钵的人一定要心思纯洁，严守秘密。

据说，恩培多克勒曾经宣布，有朝一日他将会升天为神。就在这一天，他神秘地失踪了。人们认为，他为了证明自己是神，跳进了爱特拿的火山口。对于这件事，还有两句特别著名的诗句：“伟大的恩培多克勒，那位热情的灵魂，跳进了爱特拿火山口，活活地被烤焦了。”

当然，对于这个传说，还有很多揣测。有人说，他相信自己的预言，只是天国的马车没有到来，他绝望地跳进了火山口。更有可能，整个故事都是伪造的，他晚年曾经游历希腊，在那里死去。

不管这位神秘的预言家是如何离开这个世界的，但他的思想，却同他的名字一样，永远地流传下来，生生不息。

空气是一种独立的实体

曾有人说，恩培多克勒是预言家、科学家、哲学家和江湖术士的混合体。在科学方面，恩培多克勒最重要的贡献就是，发现空气是一种独立的实体。

能够得出这样的结论，全在于细心观察。恩培多克勒发现，类似瓶子这样的器皿，倒着放进水里的时候，水无法进入到瓶子里去。

在解释呼吸作用时，他是这样说的：“当一个女孩子玩弄发亮的铜制计时器，用她美丽的手压住管颈的开口，把这个计时期浸入水的银白色易变形的物质中时，水并不会进入这个器皿，因为内部空气的重量压着底下的小孔，把银水往回堵住了；一直要等到她把手拿开放出压缩的气流时，空气才会逸出，同量的水才会流进去。”

此外，他还发现，如果把一杯水系在一根绳子的一端而旋转，水也不会流出来。

不得不说，能在那个年代就有这样的认识，确实能证明当时的科学生气蓬勃。这一点，是希腊晚期所不能比拟的。

“爱”与“斗争”，生生不息

关于宇宙的基本成分，泰勒斯认为是水，阿那克西美尼认为是空气，赫拉克利特认为是火，齐诺弗尼斯认为是土，可谓是众说纷纭。到了恩培多克勒这里，他将上述的见解糅合在一起，得出一个新的结论：万物的变化全是源自“爱”与“斗争”。

恩培多克勒承认，水、气、火、土，每一种元素都是永恒的，但它们以不同的比例混合起来，才构成了世界上所发现的种种变化着的复杂物质。在某一时期，爱占据了上风，各种元素就被爱混合在一起；在某一时期，斗争占据了上风，各种元素就被斗争分离开来。周而复始，不断循环。为此，恩培多克勒得出结论：每种合成的实体都是暂时的，唯有元素、爱和斗争才是永恒的。

在解释爱与斗争交替占据上风的过程时，恩培多克勒做了这样的比喻：他将物质的世界视为一个球，认为在黄金时代（那时爱是完全胜利的，人们只崇拜塞蒲路斯的爱神），斗争在外爱在内，斗争不断地侵入内部，爱被驱逐到外面，直至斗争完全占据了球的内部，爱完全被排挤到球外。之后，又开始相反的运动，直到爱完全占据球的内部，又恢复到黄金时代。如此，循环不息，无始无终。

恩培多克勒抛弃了一元论，将自然过程视为被偶然和必然所规定的，而不是被目的所规定的。在这一点上，他的哲学比巴门尼德、柏拉图、亚里士多德等人的哲学更富有科学性。

★ 在一个时候，一切在“爱”中结合为一体；在另一个时候，每件事物又在冲突着的“憎”中分崩离析。

★ 有限的事散布于肢体的力量，众多的是袭击思想的恶，短暂的是给予我们的这段生命：注定如烟飞散、即可消亡。

★ 每个人只相信自己在游荡中的偶遇，却虚荣地自诩目力宽广、遍阅世情。

★ 我们以为看见、听见、理解的事物，离我们其实遥遥万里。

Lesson 7 德谟克利特 靠想象探知世界的原子论者

躺在墓地里的思想者

提到墓地，大多数人都是在祭拜先人的时候才会到访。然而，在两千多年前，有一个怪人却偏偏喜欢去墓地，说那里清净，没有人打扰，简直就是自由王国。他经常会躺在那个荒凉的地方，给思想插上翅膀，任凭想象力在脑海里飞翔。他时常会冒出一些稀奇古怪的想法，让常人百思不得其解，族里的人都把他当成“疯子”看待。

不疯魔，不哲学。这句话说得一点不假。这个疯疯癫癫、满脑子怪想法的人，就是古希腊百科全书式的哲学家——德谟克利特。

德谟克利特（公元前460—前370），出生在爱琴海北部海岸，色雷斯南部沿海的阿布德拉市，父亲是富贵的奴隶主，上有两个哥哥，从小备受宠爱。波斯王曾经赏给德谟克利特的父亲一些术士和星相学家，从童年开始，德谟克利特就跟随这些老师学习神学和天文学，并对东方文化产生了浓厚的兴趣。

随着对学问的不断钻研，德谟克利特愈发觉得，阿布德拉这个小城阻挡了他的视野，他渴望到外面的世界看看。为了求学，他与两个哥哥分了家，拿到了最少的一份家产，从此开始游学生涯。

德谟克利特先是到雅典学习哲学，后又去了埃及、印度等地，前后长达十几年。在这期间，他学过几何，研究过灌溉系统，学习观测星辰，推算日食发生时间，几乎每到一个地方，他都会向当地人请教学习。这段游历的岁月，让他大大增长了见识。

马克思和恩格斯对德谟克利特称赞有加，说他是古希腊“第一个百科全书式的学者”。事实上，他也担得起这个称号。他不仅对数学、天文、地理、物理、医学、生物颇有研究，在逻辑学、伦理学、心理学、政治学方面也有建树，甚至连音乐、绘画、雕塑等艺术也有一定的造诣。

既然有如此渊博的知识，那为何后人还是习惯将其称之为“哲学家”呢？这是因为，他最为突出的贡献是继承并发展了自己导师留基伯（公元前500年前后）的“原子论”，使其成为系统化的自然哲学世界观。

万物的本原是原子与虚空

留基伯是古希腊爱奥尼亚学派非常有名的学者，也是德谟克利特的导师。原子学说最早就是由他提出来的，他认为：原子是最小的、不可分割的物质粒子。原子之间存在着虚空，原子本就存在于虚空之中，既不能生成，也不能毁灭，在无限的虚空中运动着构成万物。

德谟克利特继承并发展了留基伯的原子学说，进而指出：宇宙空间中除了原子和虚空之外，什么都没有。原子一直存在于宇宙中，既不能无中生成，也不能被消灭，任何变化都是因为原子引起的结合与分离。他还认为，原子在数量上是无限的，在形式上是多样的，物体的不同是因为构成它们的原子在数量、形状和排列上存在差异。原子在本质上是相同的，没有所谓的“内部形态”，它们之间的作用通过碰撞挤压而传递。

既然万物皆由原子与虚空组成，那么人呢？世间又到底有没有灵魂呢？

对此，德谟克利特认为：原子论里没有神存在的空间，原始人不了解奇妙的自然现象，更不知道它们是如何产生的，就臆造出了神，用以解释一切的未知。事实上，除了永恒的原子与空虚之外，根本没有不死的神灵。他甚至认为，人的灵魂也是由原子构成的，只不过组成它的原子非常活跃且精微，但不管怎样，它都是一种物体。原子分离，物体消失，灵魂也将随之消灭。

对于认识论的问题，德谟克利特依然用原子论来解释："影像"是由事物中不断流溢出来的原子形成的，人的感觉和思想，是这种"影像"作用于感官和心灵产生的。此外，他还区分了感性认识和理性认识，认为感性认识是认识的最初级阶段，它无法感知所有的东西，当感性认识在最微小的领域不能够看见、听见、闻到、摸到的时候，就需要理性认识来帮助。

德谟克利特的原子唯物论，是古希腊唯物主义发展的最重要的成果。他主张，世上的万物都是相互联系的，都受因果必然性和客观规律的制约。

幸福论：快乐来自节制与修养

德谟克利特属于奴隶主民主派，代表着奴隶主工商业的利益。他从理论上进行了论证，认为奴隶主民主共和国比贵族专制更为优越，即便是在民主制度下过贫穷的日子，也好过在帝王统治下过所谓的幸福日子，因为自由永远比奴役更被人们所向往。他还说，国家不应该获得太多的权力，这样可能会对公共事业造成一定的妨碍，但是公民的幸福又完全取决于国家，如果国家灭亡了，公民也必然会灭亡。

在伦理思想上，德谟克利特认为，人的本性是追求快乐而躲避痛苦，能求得快乐就是善，反之就是恶。但他特别强调，这种快乐绝非是短暂的、低级的感官快乐，而是有节制的、精神的宁静和愉悦。正因为此，他对任何能够引起热烈情感的事物都持排斥的态度，比如不赞成恋爱，认为情欲的波澜会打破心灵的宁静。

依照他的幸福论原则，德谟克利特对智慧、正义、节制、勇敢、良心等道德范畴进行了独到的见解，在西方伦理学史上做出了重要的、积极的贡献。

真理不是每个人都懂的

德谟克利特在游学时积累了大量的知识，他想把这些理论与实践结合起来，然后著成一本《宇宙大系统》。可就是这件事，给他带来了很多麻烦。

依照阿布德拉城的习惯，父亲死后，儿子有义务增加财产，让自己的家族更强大。可谁都知道，德谟克利特在分得父亲的遗产后就去各国游历了，浪迹天涯几十年才回来，大部分的财产都花完了。族里人认为他是一个“败家子”，有些贪财的亲戚企图侵占他剩下的财产，就以浪费祖产、不务正业、荒废宅院等罪，把他告上了法庭。按照该城的律例，犯有这样的罪行不仅要被剥夺所有财产，还会被驱逐出城。

好心的邻居提醒德谟克利特，让他当心一点，可他根本不拿这些当回事儿，每天依然忙着解剖动物的尸体，忙着研究和写作。邻居以为他疯了，还特意请来了当时最有名的医生希波克拉底。

当希波克拉底来的时候，德谟克利特正在解剖野兽，他一边翻看野兽的内脏，一边在本子上记录。邻居对希波克拉底说：“您看，他的精神已经失常了。”邻居刚说完，就被天上掉下来的一只大乌龟砸破了头，当场晕了过去。大家都说，老鹰是最高神宙斯的传信鸟，宙斯很喜欢德谟克利特，听见邻居说他的坏话，就让传信鸟叼着乌龟来教训他。

希波克拉底本是被邻居请去给德谟克利特看病的，结果却先给那位邻居包扎了伤口。临走时，他完全成了德谟克利特的崇拜者。没有人知道他们之间谈了什么，但希波克拉底去告诉小镇上的人：“真有人精神失常的话，那一定是你们自己，不是德谟克利特。”之后，他们频繁往来，成了一生的朋友。

不久之后，德谟克利特果然被亲戚告到法庭，但他并不畏惧。当法官问他：“那些控告属实吗？”他辩说：“我的亲属说我花光了父亲遗留下来的钱，这是真的，但我是为了研究整个宇宙的知识，我在写一部《宇宙大系统》的书，里面涉及哲学、物理学、数学、生物学、伦理学等社会生活各个领域方面的问题。”

法官又问：“为什么你研究的那些学问里，没有神学呢？”他的亲属马上说：“他不信神，按照法律当判处死刑。”德谟克利特灵机一动，说：“法官先生，您最敬仰神，这固然很好。你一定听说了，前不久我的邻居诬蔑我得了精神病，结果被天上掉下来的乌龟砸破了头，神喜欢谁可想而知。现在，请您判我的罪吧，反正最高神宙斯会为我做主的，我已经看到他派出的老鹰正朝着这里飞来。”结果，法官当即就判他无罪，那个贪财的亲属被判了诬告罪。

走出法院，希波克拉底问德谟克利特：“你不是不信神吗，怎么在法庭上又说宙斯会为你做主呢？”德谟克利特说：“真理只能和相信真理、爱好真理的人谈论。对于那些昏庸的家伙，只能用别的办法去对付！”

秃头与石头

德谟克利特极力推崇因果论，反对唯心的目的论。他说：“宁肯找到一个因果的解释，也不愿获得一个波斯王位。”为此，他举例说，老鹰抓起一只乌龟，飞到空中把乌龟扔下来，恰好落在一个秃子头上。人们认为这是偶然的，可他却觉得这并非偶然，是老鹰为了打破乌龟来吃掉它，却错误地把秃子的头当成了石头，仅此而已。

★ 不爱任何人的人，据我看也不能为任何人所爱的。

★ 对可耻行为的追悔是对生命的拯救。

★ 连一个高尚朋友都没有的人，是不值得活的。

★ 要留心，即使当你独自一人时，也不要说坏话做坏事，而要学得在你自己面前比在别人面前更知耻。

★ 不要企图无所不知，否则你将一无所知。

★ 应该热心地致力于照道德行事，而不要空谈道德。

★ 看上去像而事实上却不是朋友，看上去不像的却往往是朋友。

Lesson 8 高尔吉亚 一切皆不存在，一切皆不可知

古希腊的雄辩“智者”

公元前5世纪，希腊出现了一批职业教师，收取学费，教授修辞学、论辩术。这些人将自己命名为“智者”，也就是智慧的教师。不过，他们可不是在学校里工作，而是以雅典为活动中心，巡回各邦，在一些盛典上发表演说，解答问题，训练青年们的演说和诉讼能力。

这些智者们并不是统一的哲学派别，他们的观点往往相互冲突，但他们所研究的课题基本上是一样的，全都落在“人们及人与人之间的关系”上。在诸多的智者中，有一位颇具代表性，他就是高尔吉亚。

高尔吉亚（约公元前483—前375）出生在西西里岛的雷昂丘城。他是一个出色的政治家，前427年锡拉库萨入侵，他代表自己的城邦出使雅典，寻求支援。他的雄辩术在雅典受到了广泛的关注，之后他四处演讲并开始招收学生，这也为他赢得了不少的财富。据说，他曾经用黄金铸造了雕像放于庙中。高尔吉亚很长寿，享年逾百岁。

“非存在”的三个命题

高尔吉亚有一本重要的著作《论自然或非存在》，在这部作品里，他用高超的论辩术论证了许多荒唐的哲学命题。概括说来，主要是下面三个论断。

无物存在

对于这个命题，他是利用反证法来论证的。假定有物存在，那么只有三种可能：

或者是存在，或者是非存在，或者既是存在又是非存在。

如果是存在者，必然会有三种情况：或者是永恒的，或者是产生的，或者既是永恒的又是产生的。如果是永恒的，那么它就没有开始；没有开始就是无限的，也就不可能在任何地方存在，因为世间没有一个比无限大还要大的地方让它得以存在。如果是产生的，那只能是或由存在者产生，或由不存在者产生。如果由存在者产生，那么产生之前就有存在者了，不存在者更不会产生出存在者。

既然第一种和第二种可能都不存在，那么两者合之的第三种可能，就更不会存在了。所以，他最后得出了一个结论：无物存在。

即使有物存在，也无法认识

对于这个论断，高尔吉亚是用“思想”来说明的。他说，如果被思想的东西不存在，那么存在就不能被思想；如果被思想的东西是存在的，那么只要有人思想它们，它们便存在。如此一来，谎言与妄想也都将存在。

如果说，存在的东西能够被人们想到，不存在的东西不能够被想到，那为何人会想到种种妖魔鬼怪呢？这说明思想是不可靠的，存在是认识不到的。既然思想无法接触到存在，又怎能认识世间的万物呢？

即使有物存在，能被人认识，也无法告诉别人

告诉别人时运用的信号是语言，而语言和存在物并不是一个东西，我们告诉别人的就只能是语言而不是存在物。比如，耳朵听到的是声音，不是颜色，那如何用语言来传达对颜色的认知呢？

可服人之口，难服众人之心

高尔吉亚列名于辨士学派，他也许可以服人之口，但很难服人之心。此学派的学者们对许多问题都有一针见血的看法，但都难以形成完整的系统。以现代的认知看来，高尔吉亚的论证从内容到形式都是错误的。在内容上，它否定了客观事物的存在和可知性；在形式上，他违背形式逻辑推理规则。比如，在讲“存在者没有开始就是无限的”问题时，这里所说的无限指的是时间无限，可接下来，他就把它替换成了空间上的无限，还认为存在者既然无限大，就不可能存在于任何地方。显然，他对空间的理解也是错误的。事实上，空间不是一个容器，是运动者的物质的广延性，物质世界的无限性和空间的无限性实际上是一回事。

纵然高尔吉亚的论证存在着种种错误，可它们依然对哲学的发展做出了贡献。至少，它们揭露了存在与非存在、思维与存在、思维与语言之间的矛盾，给后世的哲学家们提供了参考的思路。

★ 告诉别人，要使用语言。语言不是全体，也不是存在物，所以我们告诉别人的是语言，而不是存在物。

★ 你必须用笑声摧毁敌手的严肃，或是用严肃击败敌手的笑声。

Lesson 9 苏格拉底 我只知道自己一无所知

雅典的勇士：死亡是神的召唤

1787年，法国著名画家雅克·达维特画了一幅油画，描绘的是“服毒自杀”的情景：

在一个阴暗坚固的牢狱里，一个人庄重地坐在床上，身边有几个人围着他。牢门是半开的状态，从门缝里射进一束光，他裸露着久经磨难的瘦弱的身躯，高举着有力的左手，向身边的人说着什么。与此同时，他镇静地伸出右手，欲接过他人递来的毒药，毅然地选择赴死。

这个在死亡面前毫不畏惧的人，就是大哲学家苏格拉底。

雅典在恢复了奴隶主民主制后，苏格拉底被指犯有蔑视传统宗教、引进新神、败坏青年和反对民主等一系列罪名，被判处死刑。事实上，他并不是非死不可，他完全有机会做另外的一种选择。

在苏格拉底被判处有罪后，他的学生们为了解救他，已经打通了所有关节，试图让他从狱中逃走。他们反复地劝他，判他有罪是不正义的。可惜，死亡对于苏格拉底来说，似乎并未造成什么恐惧和威胁，他谢绝了学生们的好意，慷慨地走向了刑场，视死如归。

为什么要选择死？

苏格拉底是这样说的："我是被国家判决有罪的，如果我逃走了，法律得不到遵守，就会失去它应有的效力和权威。当法律失去权威，争议也就不复存在。"

这不是什么悲剧的声音，而是一个智者在用生命诠释法律的真正含义——法律只有被遵守才有权威性。只有法律树立了权威，才能有国家秩序和社会正义的存在。苏格拉底死了，但他是为正义而死的，他的死是值得的。

苏格拉底热爱雅典城邦，不容许最神圣的信仰被亵渎，所以他宁愿选择死。相比生命而言，他更加注重灵魂，他相信神无处不在、无所不能，万事万物都是神有意识、有目的地安排。他没有背叛神，既如此，死亡就是神对他的召唤，他还有什么可畏惧、可犹豫的呢？

或许，有人会笑他天真，笑他顽固，执迷不悟，可那只能说明，他们并未真的洞察他的内心世界。他紧紧关注着众人未曾察觉的美德，这是他的智慧；他一生爱着雅典城邦，遵从法律，至死不渝，这是他的忠诚。

一个得到神谕的道德哲学家

公元前469年，希腊雅典的一对男雕刻匠与助产士夫妇生了一个不太漂亮的男孩，那孩子长着扁平的鼻子，肥厚的嘴唇，眼睛凸出来，身体笨拙又矮小，起名叫苏格拉底。

因为生来相貌丑陋，家里的条件又不好，父亲认定这孩子不会有大出息，为了能让苏格拉底以后有点生存技能，就让他跟随自己学习雕刻。

世人常说，人不可貌相；世人还说，上帝给你关闭了一扇门，必然会给你开一扇窗。其貌不扬的苏格拉底，天资聪明，勤奋好学，不久就成了一个技艺精湛的雕刻匠。他创作的一个题为“欢乐三女神”的群雕，曾经被放到雅典的卫城上。

苏格拉底还未成年时，带他入门学习雕刻的父亲就去世了。幸好，一个善良的雅典人很欣赏苏格拉底，愿意资助他在雕刻之余去学习知识。从此，苏格拉底看到了另外的一个世界，他的人生之路也逐渐发生了变化，不仅仅停留在做雕刻匠的圈子里。

在那段时间里，他经常向各种有学问的人求教，读了许多古代哲学家的著作，聆听当时有名的大哲学家阿那克·萨戈拉的讲学，以及智者派的雄辩术。不仅如此，苏格拉底还学习了诗歌和音乐。多方面的教育让苏格拉底的精神得到了极大的丰富。

20岁时，苏格拉底喜欢思考和探索，对很多自然问题都想弄个一清二楚，比如一个事物是如何创造出来，又是如何毁灭的？人们所借以思想的元素是血、空气还是水？地是平的还是圆的？对于这些问题，老师会给出解答，但苏格拉底对答案并不满意，他试图去找到另外的答案，可多数情况下，他都感到无能为力。正因为此，他认为研究自然没什么意义，把自然界排除在人的认识范围之外。

30岁时，苏格拉底开始把注意力从天上转移到人间，成了一名不收报酬、不设馆的社会道德教师。他说：“我的母亲是一个助产士，我要追随她的脚步。我是个精神上的助产士，帮助别人产生他们自己的思想。”他将自己视为神赐予雅典人的一个礼物、一个使者，任务就是每天四处找人谈话，探讨问题，探求对人们最有用的真理和智慧。

苏格拉底把批评雅典当作神交付给自己的使命，这种使命感让他不断地思考、探索。他知道，自己这样做可能会让很多人与他为敌，甚至想要置他于死地，但神交给自己的使命不可违，就算是死也必须那么做。

40岁时，苏格拉底已经成了雅典城里的名人。他曾跟许多智者辩论哲学问题，探讨伦理道德、教育、政治等方面的问题，被认为是当时最有智慧的。

苏格拉底的一生大部分都是在室外度过的，他喜欢去市场、运动场、街头等公共场合与形形色色的人谈论各种各样的问题。不管是严寒还是酷暑，他都只穿着一件普通的单衣，还经常不穿鞋，对吃饭也不讲究。不过，外人怎么看他似乎完全都不在意，因为他的心思全都放在了做学问上。

开启哲学的新领域：伦理哲学

心灵的转向：从自然到自我

在苏格拉底以前，希腊的哲学家们主要研究宇宙的本原是什么，世界是由什么构成等一系列问题，后人将其称之为“自然哲学”。然而，到了苏格拉底这儿，他认为研究这些自然问题对于拯救国家没有什么现实意义，因为自然界的因果系列无穷无尽，如果只去寻求这种因果，根本无法认识事物的最终原因。

于是，苏格拉底要求做“心灵的转向”，将哲学从研究自然转向到研究自我上。他说：“想左右天下的人，须先能左右自己；认识自己，方能认识人生。”至此，自我和自然就被区分开来了，人不仅仅是自然的一部分，更是一种独特的实体。苏格拉底开创了一个全新的哲学领域，后人将他的哲学称之为“伦理哲学”。

苏格拉底认为，一个人要有道德就必须有道德的知识，一切不道德的行为都是无知的结果。人们只有摆脱物欲的诱惑和后天经验的局限，获得概念的知识，才会有智慧、勇敢、节制和正义等美德。他认为道德只能凭心灵和神的安排，道德教育就是使人认识心灵和神，听从神灵的训示。

灵魂之说：将精神与物质对立

苏格拉底之前的哲学家，已经有灵魂不灭的说法，也已有唯物主义和唯心主义对立的萌芽。只不过，那些哲学家们对灵魂的看法比较模糊，有的甚至将其视为最精细的物质，唯物主义和唯心主义之间没有明显的界线。

苏格拉底的出现，改变了这种状态。他明确地将灵魂看成是与物质有本质不同的精神实体，事物的产生与灭亡，不过就是某种东西的聚合与分散，彻底将精神和物质明确对立起来，成为哲学史上的滥觞。

思想的助产士：诘问式教育

苏格拉底一生都在从事教育工作，但他并未创办学校。他施教的场所很随意，广场、体育馆、商店、街头都可以；他施教的对象也很广泛，上到达官贵人，下到平民百姓，无论谁向他求教，他都不收任何报酬地热情施教。他这么做的目的很简单，就是为了造就治国人才。伯里克利死后，雅典没有好的领导人，民主制度成了极端民主化，变成无政府主义。苏格拉底对此感到很痛心，希望可以通过教育来培养人才。

苏格拉底的教育内容，紧紧围绕着他的道德伦理展开，其核心就是探讨人生的目的和美德，强调认识自己和认识社会的普遍原则。他曾说："在这个世界上存在两种人，一种是快乐的猪，一种是痛苦的人，宁做痛苦的人，不做快乐的猪。"在他看来，一个人若不以追求高尚的道德为基准，不去探求世界的真理，而仅仅以享乐为生活的主要目的，那和猪没什么两样。

在教育的方法上，他拥有自己独特的方式——产婆术，即为思想接生，引导人们产生正确的思想。这个过程有三步：第一步是苏格拉底讽刺，他认为这是能够让人变聪明的一个必要步骤，一个人必须要谦逊，才能够学到真知；第二步是定义，在问答中经过反复的诘难和归纳，得出明确的定义和概念；第三部叫助产术，引导对方思考，自己得出结论。

苏格拉底在平时与人辩论时，也是通过这种问答形式使对方纠正、放弃原来的错误观念，帮助人产生新思想。在这种剥茧抽丝的谈话过程中，他可以让对方了解自己的无知，发现自己的错误，建立正确的知识观念。在西方哲学史上，这种方法可谓是最早的辩证法的形式，且这种传授知识的方式也为后来的启发式教育奠定了基础。

历史的车轮永远在前进，2000多年过去了，苏格拉底在西方人的心中依然占据着不可动摇的位置。他，意味着独立不倚的精神，意味着孜孜不倦的探求，意味着不计个人得失的高贵，意味着知识分子的良心与良知。他就像自己所说的那样："我就是神让我老叮着这国家的牛虻，整天总是到处紧跟着你们，鼓励你们，说服你们并责备着你们。"

苏格拉底的趣味轶事

苏格拉底的"悍妻"

苏格拉底是出了名的"妻管严"，她的太太十分厉害。

有一回，苏格拉底的好友到他家里做客，一起探讨学术问题。谁知，刚吃过饭，他的妻子就当着那个朋友的面，让苏格拉底帮她倒洗脚水。苏格拉底觉得很丢面子，执意不肯。没想到，他的妻子顿时就发怒了，跟他大吵大闹。为了避免生事端，苏格拉底决定跟他的朋友一起离开，刚走出楼门口，他的妻子突然将一盆洗脚水泼到了他的身上。

场面一时间很尴尬，朋友以为苏格拉底会大发雷霆，没想到他却一点都不生气，反倒调侃戏谑地说了一句："我早就知道，打雷过后一定要下雨。"轻松化解了当时的窘境。

朋友不理解苏格拉底为何要娶这样的老婆，苏格拉底说："如果你能让一匹烈马俯首帖耳，那么其他的马都会对你服服帖帖。这样的蛮悍的老婆我都能忍受，那么普天之下还有谁不能成为我的朋友呢？"

最大的麦穗

一天，苏格拉底带着几个弟子来到一块麦地边，当时正值小麦成熟的季节，地里全都是沉甸甸的麦穗。苏格拉底对弟子们说："你们到地里摘一个最大的麦穗，但记住，只能往前走不能回头。我在麦地的那端等你们。"

弟子们按照老师的要求，陆续走进了麦地。地里全是大麦穗，到底哪个最大呢？弟子们看看这个，摇摇头；看看那个，又摇摇头，总觉得不够好，前面还有更大的。尽管有人也摘了几个麦穗，可也并不太满意，就随手扔掉了，想着前面还有那么多，不必要马上定夺。

弟子们一边低头往前走，一边用心地挑挑拣拣，时间很快就过去了。突然，大家听到苏格拉底苍老的、如洪钟一般的声音："已经到头了。"这时，两手空空的弟子们才如梦初醒。

苏格拉底对弟子们说："这块麦地里肯定有最大、最饱满的一粒麦穗，但你们未必能碰见它；即使碰见了，也未必能作出准确的判断。所以，最大的麦穗，就是你们刚刚摘下的。"通过这件事，苏格拉底告诉弟子们：人的一生如同在麦地中行走，总在寻找最大的一粒麦穗。有人见了那颗饱满的"麦穗"，不失时机地摘下它；有人东张西望，一再错失良机。人可以去追求最大的，但只有把眼前的麦穗拿在手里，才是实实在在的。

乐观的哲学家

苏格拉底受诬陷被关进大牢，但精神上一直很乐观，没有丝毫的沮丧消沉。

一天，他听到隔壁牢房里传出优美的歌声，那声音深深地打动了他。于是，他隔着窗户请求狱友把这首歌教给他。

监狱里的人都知道，苏格拉底是一个即将被执行死刑的囚犯，看见他有这样的举动都很惊讶，问道："您不是马上就要被执行死刑了吗？""是啊。"苏格拉底很轻松地回答道。"那您还学什么新歌呢？"苏格拉底笑着说："这样，我在临刑时就又学会一首新歌了。"

★ 我唯一知道的，就是我不知道什么。

★ 时间到了，我们各走各的路，是活在这个世上好还是死了好，只有神知道答案。

★ 我与世界相遇，我自与世界相识，我自不辱使命，使我与众生相聚。

★ 这个世界上有两种人，一种是快乐的猪，一种是痛苦的人。宁做痛苦的人，不做快乐的猪。

★ 如果把世上每一个人的痛苦放在一起，再让你去选择，你可能还是愿意选择自己原来的那一份。

★ 最有效的教育方法不是告诉人们答案，而是向他们提问。

★ 每个人身上都有太阳，主要是如何让它发光。

★ 告诉我你的朋友，我就知道你是什么样的人。

★ 在这个世界上，除了阳光、空气、水和笑容，我们还需要什么呢！

★ 为理想而奋斗的人，必能获得这种快乐，因为理想的本质就含有道德的价值。

Lesson 10 柏拉图 让哲学家成为帝王

博学的雅典贵族

柏拉图（约公元前427—前347），最著名的古希腊哲学家之一。他出生在雅典的一个贵族家庭，父亲是苏丹，母亲是克里提俄涅。据传，他的家庭是雅典国王的后裔，他是当时雅典著名的政治家柯里亚西斯的侄子。这样的家庭背景，使得柏拉图从小就接受了最完备的教育，熟悉各类文化知识，为他日后撰写《对话录》奠定了坚实的基础。

根据第欧根尼·拉尔修的说法，柏拉图的原名叫亚里斯多克勒斯，因为他长得身强体壮，故而被称为柏拉图（在希腊语中，柏拉图有“平坦、宽阔”之意）。没想到，这个名字后来就被延用下来了。因为柏拉图的学习能力出色，才华横溢，古希腊人还赞誉他为阿波罗之子，并称在柏拉图还是婴儿的时候，曾经有蜜蜂停留在他的嘴唇上，所以他才有了流畅的口才。

起初，柏拉图是有意继承家族传统从政的，但后来的一些事情让他打消了这个念头。

在与斯巴达的战争中，雅典民主制失利，“三十僭主”开始执政，后来“三十僭主”又被新的代议制度所取代。到了公元前399年，他的老师苏格拉底受审并被执行死刑，这让柏拉图对当时的政治体制彻底绝望了。之后，他开始游历四方，曾经到过埃及、小亚细亚和意大利南部等地从事政治活动，试图实现自己的贵族政治思想。

公元前387年，也就是在柏拉图四十岁的时候，他结束了旅行重回雅典，并在雅典的城外创建了一所学校，这就是著名的柏拉图学园。这所学校成为西方文明最早的有完整组织的高等学府之一，也是中世纪时在西方发展起来的大学的前身。

这所学院受毕达哥拉斯的影响比较大，在课程的设置上也跟毕派的传统课题类似，包括几何、算数、天文学等，学院培养出不少知识分子，最著名的就是亚里士多德。柏拉图到去世前，一直在学院执教。

柏拉图一生著述颇丰，早期著作以“苏格拉底”的对话为主；第二阶段的对话已趋向成熟，主要代表作有《理想国》等；后期对话的代表作，比较出名的是《法律篇》。柏拉图的思想中包含了许多内容，对此我们将在下文中逐一介绍。

理念论：理念是永恒不变的

柏拉图是西方客观唯心主义的创始人，他认为世界由两部分组成：理念世界和现象世界。理念的世界是真实存在的、永恒不变的，而人类感官所接触的现实世界，不过是理想世界的影子，它由现象组成，但每种现象都会因为失控等因素而表现出暂时变动的特征。

由此，柏拉图提出了一种理念论和认识论，将其作为教学理论的哲学基础。他认为，自然界有形的东西是流动的，但构成这些有形物质的“形式”或“理念”是永恒不变的。我们对于那些变化的、流动的事物无法有真正的认识，我们对它们只有看法或意见，我们唯一可以了解的，只有那些我们能够运用理智来了解的“形式”或“理念”。因此，知识是固定和肯定的，不可能有错误的知识，但意见很有可能是错误的。

在《理想国》中，柏拉图为了解释理念论，运用了一个洞穴比喻：一群囚犯在洞穴里，手脚都被捆绑起来，无法转身，全都背对着洞口。他们面前有一堵白墙，身后燃起一堆火。在白墙上，他们看到了自己以及身后到火堆之间的所有事物的影子，可因为他们看不到任何其他东西，便以为影子就是真实的东西。

最后，有一个人挣脱了枷锁，找到了洞口。他第一次看到真实的事物，接着他就回到洞穴里，试图向其他人解释墙上的影子都是虚幻的东西，还给他们指出明路。可是，对于那些囚犯来说，那个人的言行是极其愚蠢的，囚犯们还向他宣称，除了墙上的影子，世界上没有他物。

柏拉图讲这个故事是想说明：“形式”就是阳光照耀下的实物，而人的感官世界所能感受到的，不过是白墙上的影子。大自然对于理性而言，黑暗而单调，不懂哲学的人看到的只是影子，哲学家在真理的阳光下才能看到外部事物。此外，他还想把太阳比作正义和真理，强调我们看见的阳光不过是太阳的“形式”，就像真正的哲学道理和正义一样，只能看到它的外在表现，却无法直观它的实质。

乌托邦：让哲学家成为国王

我们时常会听到“乌托邦”一词，那么到底何谓“乌托邦”呢？实际上，它是指“空想的国家”，是人类思想意识中最美好的社会。柏拉图在《理想国》中，就描绘出了一幅理想的乌托邦画面，他认为：国家当由哲学家来统治。

在柏拉图的理想国中，公民被划分为三个阶级：受过严格哲学教育的统治阶级、保卫国家的武士阶层、平民阶层。为了实现这样的理想国，柏拉图有他的一套完整的理论：每个人在社会上都有其特殊的功能，以满足社会的整体需要；每个人要做好自己的分内事，不能干扰其他人。他鄙视个人幸福，强调城邦整体和一己以为的“正义”，赋予了统治者无上的权力，甚至可以“为了国家利益用撒谎来对付敌人和公民”。

那么，为何要让哲学家来担任统治者呢？

柏拉图认为，现存的政治都是坏的，只有让哲学家成为统治者，才能拯救当时城邦所处的危机，才能找到真正的出路。因为哲学家是最高尚、最有学识的人，而在贤人统治下的贤人政体就是最好的政体。如果哲学家能够成为国王，那么这个国家就是存在于天上的模范国家。同时，在柏拉图看来，哲学家的本质是具有知识、智慧、正义、善的美德，唯有他们能够达到对国家最高理念的认识，其他人只能把握“意见”而已。

马克思认为，柏拉图的理想国只是埃及种姓制度在雅典的理想化。很明显，柏拉图的理想国是一种贵族政治主张，遗憾的是，他的愿望至今还没有实现，哲学家也难以当上国王。

灵魂不死，永恒存在

随着古希腊经济的发展，人们对自然和人本身的认识也不断地加深，对于灵魂不死的疑虑越来越重。苏格拉底曾说，死就是灵魂与身体的分离，这样的说法不禁让人们有些担心：人死时，灵魂离开身体，因为无处安置，灵魂也就灭亡了。毕达哥拉斯学派的灵魂不死的思想，已经无法让人们信服，在这样的情势下，柏拉图站了出来，他要挺身捍卫和论证灵魂不死的学说，帮助人们消除疑虑，坚定信念。

在证明灵魂不朽的问题时，柏拉图列举了以下几点论证。

理念论的证明

恩培多克勒曾经提出了“同类相知说”，柏拉图在此基础上进行了继承和改造。他认为，灵魂像理念，两者有相似性，并对灵魂作了理念论的证明：灵魂能够理解理念，而理念是永恒的、不变的，因此灵魂本身也是永恒的、不死的。

对立面相互转化的证明

在《斐多篇》中，柏拉图提出一个重要的哲学思想：“凡是有对立面的事物，必定从其对立面中产生，而不会从其他来源中产生。”生与死是对立面，那么生从死中产生，就是死向生的复活，所以生与死之间的一个必然会产生出另一个。死者的灵魂在某个地方存在着，且会按照适当的顺序再回到地上来，所以“灵魂”是不朽的。

灵魂本质的证明

在柏拉图之前，就已经有了“灵魂是自我运动”的思想，他在这个思想的基础上，进一步将“自动”的原则归属于“灵魂”，而不是归属于“肉体”，指出“灵魂是自身运动者”的概念。因为自身运动之物是没有开端而且不灭的，所以灵魂也是不朽的，无论是神的灵魂还是人的灵魂，都是不朽的、自动的，这种自动性就是灵魂的本质和定义。

回忆说的证明

柏拉图认为，一切配称为“知识”的东西都不是从感官得来的，唯一真实的知识是必须关于理念的。这意味着，他对认识的途径提出了新的回答，结束了苏格拉底在寻求理念时所陷入的迷茫状态。他还认为，灵魂是永恒不朽的，并多次降生，见到这个世界以及下界存在的一切事物，因而具有万物的知识。知识不是从学习得来的，而是对已经存在于心灵内、灵魂内的东西的一种回忆。

道德论的证明

在《国家篇》中，柏拉图从道德论的角度证明了灵魂不朽。他认为，事物有善恶之分，但在世上未必善有善报、恶有恶报，美德的实际酬报应求助于灵魂的永生。恶的东西会侵蚀并毁坏灵魂，但它不能毁灭灵魂，既然任何邪恶都无法毁灭它，它显然就是永恒不朽的。

从哲学上说，灵魂不朽实质上就是理性不朽。黑格尔认为，柏拉图说的灵魂不死与宗教观念里的灵魂不死意义不同，他所谓的灵魂不死是和思维的本性、思维的内在自由密切关联的。这种观点值得重视，如果柏拉图的灵魂不死和宗教观念里的灵魂不死一样的话，那哲学的意义俨然就不复存在了。尽管柏拉图的这些论证并不完全正常，可它在诉诸理性和逻辑的力量，为他的理念论的提出开辟了道路，这是柏拉图思想上的里程碑，对西方哲学的发展史也有重要的意义。

数学式的宇宙观

柏拉图的宇宙生成论是在《蒂迈欧篇》提出来的，之后这篇对话被翻译成拉丁文，成为西方中世纪以来一篇为人所知的对话。

柏拉图试图使天文学成为数学的一个部门，因为他的宇宙观基本上是数学的宇宙观。他设想，宇宙开头有两种直角三角形，一种是正方形的一半，另一种是等边三角形的一半，这些三角形组合起来产生了四种正多面体，这就构成了四种元素的微粒：火微粒是正四面体，气微粒是正八面体，水微粒是正二十面体，土微粒是立方体，第五种多面体是由正五边形构成的十二面体，这是组成天上物质的第五种元素，叫作以太。

柏拉图认为，整个宇宙是一个活的、运动的圆球，有一个灵魂充溢着全部的空间。宇宙进行的是环形的圆周运动，因为这样的运动形式是最完善的，无须用其他力量来推动。

先进的教育思想

在西方教育史上，第一个提出完整的学前教育思想并建立了完善的教育体系的人，就是柏拉图。他要求，3-6岁的儿童要在保姆的监护下，聚集在神庙里游戏、听故事，进行启发式教育；7岁之后，学习军人所需的各种知识和技能，如读、写、算、骑马、射箭等；20-30岁，对抽象思维有兴趣的学生可以进行深造，学习天文学、数学等，锻炼思考能力。那些造诣较深的人，可以继续受教育，用20年的时间来研究辩证法，学生50岁毕业后可担任国家最高统治者，同时也成为哲学王。

在教学方法上，柏拉图继承了苏格拉底的问答法，把回忆已有知识的过程视为一种教学和启发的过程，反对生硬地灌输知识，提倡先提出问题，揭露矛盾，进而分析得出结论。

此外，柏拉图还很重视体育教育，其中包括妇女体育。他说："做女孩的应该练习各种跳舞和角力；结婚以后，便要参加战斗演习、行营布阵和使用武器……因为一旦当所有的军队出动去打敌人的时候，她们就能保卫儿童和城市。"他主张身心和谐发展，提出"用体育锻炼身体，用音乐陶冶心灵"，这种思想对后世的体育发展也产生了深远的影响。

柏拉图式爱情

柏拉图在对话录《会饮篇》中提到最崇高的爱情是精神之爱，他说："当心灵摒绝肉体而向往着真理的时候，这时才是最好的。而当灵魂被肉体的罪恶所感染时，人们追求真理的愿望就不会得到满足。"

柏拉图式的爱情是理想的，极为浪漫甚至根本无法实现。站在爱人身边，默默地付出、守候，不奢望走近，不奢求拥有，就算没有结果，也依然执着不悔。

柏拉图式的爱情注重心灵的沟通，精神的愉悦。爱的双方是平等的、自愿的。在意念的世界里，有一个完美的"他"，"他"对你而言是毫无瑕疵的，也许他不会出现在现实中，但"他"永远活在你心底。

柏拉图式的爱情是自由的，拥有的时候让对方自由，失去的时候依然让对方自由。爱就像风筝一样，要给它飞翔的空间，只要适时地把它拉回来即可。没有自由的爱情，会慢慢地趋向自然死亡，因为要维系爱情的温度，就要保持适度的距离和神秘感。

美国学者经研究认为，柏拉图推崇的精神恋爱，实际上是同性之间的一种爱。古希腊社会中，女性很少受教育，男人难以从女性中找到精神对手；而在雅典，同性爱也受法律的保护与支持，甚至是雅典的骄傲。这也是柏拉图偏重男性之间的爱情的原因。

无论如何，有一点是可以肯定的，柏拉图认为爱情能够让人升华。无疑，真正的爱情确实是能够使人向善、向上的。

★ 一切背离了公正的知识都叫作狡诈，而不应称为智慧。

★ 应当学会把心灵的美看得比形体的美更可珍贵，如果遇见一个美的心灵，纵然他在形体上不甚美观，也应该对他起爱慕，凭他来孕育最适宜于青年人得益的道理。

★ 好人之所以好是因为他是有智慧的，坏人之所以坏是因为他是愚蠢的。

★ 爱是美好带来的欢欣，智慧创造的奇观，神仙赋予的惊奇。缺乏爱的人渴望得到它，拥有爱的人万般珍惜它。

★ 有什么比健康更快乐的了，虽然他们在生病之前并不曾觉得那是最大的快乐。

★ 最有美德的人，是那些有美德而不从外表表现出来，仍然感到满足的人。

★ 拖延时间是压制恼怒的最好方式。

★ 孩子怕黑暗情有可原，人生真正的悲剧是成人怕光明。

★ 如果哲学家不能成为帝王，就只有设法使帝王成为哲学家。

Lesson 11 第欧根尼 重估一切现存价值

住在木桶里的哲学家

公元前323年的某一天，亚历山大大帝在巴比伦去世，享年33岁。就在这一天，哲学家第欧根尼在科林斯寿终正寝，享年90岁。他们两个是当时希腊最有名的人，一个是武功赫赫是世界征服者，被万众称之为神；一个是靠乞讨为生的穷哲学家，被市民称之为狗。即便身份悬殊，可他们之间似乎总有着一些微妙的关联。

当年亚历山大巡游某地时，正碰见躺着晒太阳的第欧根尼。亚历山大大帝走上前去自我介绍，说："我是大帝亚历山大。"第欧根尼依然躺着，回应了一句："我是狗儿第欧根尼。"亚历山大又问："我能为您做点什么吗？"第欧根尼说："有的，就是——不要挡住我的阳光。"亚历山大大帝听后，感慨地说："如果我不是亚历山大，我愿意做第欧根尼。"

那么，第欧根尼到底是一个什么样的人呢？他为何在希腊如此出名呢？

据说，第欧根尼住在一个木桶里，他所有的财产就是一个木桶、一件斗篷、一支棍子、一个面包袋。他躺在光溜溜的地上，赤着脚，胡子拉碴的，半裸着身子，俨然一副乞丐或疯子的模样。他没有工作，无家可归，偶尔会向路人讨个面包或几颗橄榄，然后蹲在地上吃，又用手捧点泉水喝下去。

人们几乎都认识他，或者听说过他。有时他们会问第欧根尼一些尖刻的问题，而他也会尖刻地回答；有时他们丢给第欧根尼一些食物，他会很有礼貌地说声谢谢；有时他们恶作剧地向第欧根尼丢石子，他也会破口大骂。所以，人们闹不清楚第欧根尼到底是不是疯子，但他们认为他是疯子，因为他的生活方式和所作所为跟常人大相径庭。

如果我们与第欧根尼生在同一时代，居住在同一城市，偶然间瞥见他的一举一动，或许也会认为他是疯子，这是常人最普遍的推测和想法。但是，第欧根尼的精神没有任何问题，他不仅不是疯子，还是一个哲学家。

犬儒主义者："像狗一样活着"

第欧根尼流浪街头，并非因为他出身贫寒。事实上，第欧根尼的父亲是辛诺普城邦的一个银行家，只不过他在替父亲管理银行时铸造伪币，致使父亲入狱而死，自己也被驱赶到了城邦之外。

离开了辛诺普后，他去了很多地方，后认识了安提斯泰尼（苏格拉底的学生），想拜他为师。不过，安提斯泰尼一开始并不喜欢第欧根尼，原因也是我们上面说的，他曾涂改货币害得父亲下狱。安提斯泰尼命令第欧根尼回家去，还举起了手杖，没想到第欧根尼却把脑袋凑上前去，说："打吧，打吧，不会有什么木头坚硬到能让我离开你。"之前有不少穷苦的学生都被安提斯泰尼的手杖打跑了，可眼前这个犟脾气的年轻人却颇合他的心意。就这样，第欧根尼成了安提斯泰尼的学生。

苏格拉底死后，安提斯泰尼依然生活在苏格拉底贵族弟子们的圈子里，也许是因为雅典失败，也许是因为老师之死，也许是因为他不喜欢哲学，当他不再年轻的时候，他摒弃了从前看重的东西，除了淳朴与善良之外，他不愿意要任何东西。一切精致的哲学，他都认为毫无价值，他主张不要政府、不要私有财产、不要婚姻、不要确定的宗教，一切认为的对感官的追求他都摒弃。

安提斯泰尼崇尚简单的生活，最终将其发展成了一种人生哲学——犬儒哲学。之所以被称为“犬儒”，是因为当时奉行犬儒主义的哲学家们，言行举止甚至生活方式跟狗的某些特征很相似，旁若无人，放浪形骸，却忠诚可靠，敌我分明，敢咬敢斗，所以人们就把这些人称之为“犬儒”，意思是“像狗一样的人”。

犬儒派认为：人的苦痛有两种，一种源于物质，一种源于精神。精神上的幸福快乐才是真正的快乐满足，人当摆脱世俗的利益去追求唯一值得拥有的善。

尽管犬儒哲学是安提斯泰尼提出的，但他的名声最终还是被弟子第欧根尼盖过了。第欧根尼拒绝接受一切的习俗，他有一句名言：“重估一切现存价值。”他认为，文明的主要价值，比如高贵的门第、显赫的声誉，全都是罪恶的装饰品，“自然”其实比“文明”更加真确，所以应当返回自然、遵从自然，过简单俭朴的生活。唯有这样，心灵才能得到自由。

出于这样的哲学观点，他对一切崇尚文明的观点都做了无情的批判和讽刺。他不在乎别人怎么说，决心理直气壮地像狗一样活下去。他立志揭穿世间的一切伪善，追求真正的德行，从物欲中解脱出来，获得心灵的自由。他愤世嫉俗，曾经提着灯笼在城里游走，声称要找一个真正诚实的人。

可惜的是，随着犬儒理念的流行，犬儒主义的内涵发生了根本变化。早期的犬儒坚持内在的美德与价值，鄙视外在的世俗功利，是极其严肃的；后期的犬儒依旧蔑视世俗观念，却丧失了赖为准绳的道德原则，他们认为，既然无所谓高尚，也就无所谓下贱；既然没什么是了不得的，也就没什么是要不得的。结果，愤世嫉俗就变成了玩世不恭。

伶牙俐齿的“讽刺家”

第欧根尼敢言敢为，不畏权贵，对于他人的评议，他习惯用幽默与讽刺的语言来回击。

第欧根尼并非一开始就是彻头彻尾的无产者，他也曾有过房屋和仆人。也许是他后来崇尚了犬儒主义，生活过于节俭和吝啬，以至于仆人都借机逃跑了。有人让第欧根尼去追，可他却轻蔑一笑，说：“如果仆人离开我可以活，我离开仆人却不能活，也未免太荒谬了吧？”从此以后，他再也不用仆人，就连盗贼入室，看到第欧根尼孤身一人都感到同情，问他：“万一你哪天死了，谁把你抬出去埋了呢？”第欧根尼说：“当然是想要我房子的人了。”

第欧根尼经常自称“狗儿”，但这仅仅是生活习性上类似犬，一旦有人真的把他当成狗儿来看，他也会极其不满。曾经，一群男童围着他窃窃私语，说：“当心，别让他咬着咱们。”第欧根尼顿时就笑着说：“别怕，狗才不吃甜菜根呢！”当一群成年人围着他叫他“狗”的时候，他便会立刻回骂：“你们盯着我的食物，你们才是狗。”

曾有一次，一个狗仗人势的管家一脸不满地带第欧根尼参观他主人的豪宅，还警告第欧根尼不要随地吐痰。结果，第欧根尼立刻就把痰啐到了管家脸上，说：“我实在找不到比你这张脸更方便的痰盂了。”

第欧根尼的刀子嘴不仅仅针对普通人，就连柏拉图这样的大哲学家也没能幸免。柏拉图是他老师的同学，比他年长20几岁，可他挖苦起这位前辈来，一点情面也不留。倒是柏拉图比较宽容，总是让他几分。一次，他到柏拉图家里做客，踩着地毯说：“我踩在了柏拉图的虚荣心上。”有人指出他乞讨，柏拉图不乞讨，他却借用《奥德修》里面的一句话说：“柏拉图讨东西时‘深深地埋下头，以致无人能够听见。’”

不仅如此，在与柏拉图进行辩论时，第欧根尼也时常会用粗俗的方式来表达自己的思想。柏拉图把人定义为双脚没有毛的动物，第欧根尼就把一只鸡的羽毛扒光，拎到讲座上，说："这就是柏拉图说的人。"对于柏拉图的理念论，他说："我看得见桌子和杯子，可是柏拉图呀，我一点儿也看不见你说的桌子的理念和杯子的理念。"对于第欧根尼，柏拉图颇感无奈，有人请他给第欧根尼下一断语，他说："一个发疯的苏格拉底。"

这就是第欧根尼，一个犬儒派哲学家的代表，对看不惯的人和事极尽挖苦之能事。表面上看放浪形骸，实则内心有自己的信仰。犬儒派哲学家提倡，人当自己决定死亡时间和地点，第欧根尼是第一个实践者。当他感到生命已经走到尽头的时候，他用斗篷裹紧自己，窒息而死。依照他自己的信仰，他也算是安度晚年了。

第欧根尼死后，塞尼亚得的后代对他进行了安葬，而多年前驱逐他出城的辛诺普人也终于明白：这位伟大的哲学家给母邦带来的荣耀，远远盖过了他曾经铸造伪币的前科。于是，他们在家乡为第欧根尼修造了一座青铜雕像，上面的碑文写得恰如其分——

"时间甚至可以摧毁青铜，但永远不能摧毁你的光荣，因为只有你向凡人指明了最简单的自足生活之道。"

其实，对于2000多年后的现代人来说，第欧根尼崇尚简单生活、摒弃外物带来的感官愉悦，注重精神的快乐，也依然是一个不折不扣的幸福之道。

★ 太阳也光顾污秽之地，但并没有因此而被玷污。

★ 知识是青年人的最佳的荣誉，老年人最大的慰藉，穷人最宝贵的财产，富人最珍贵的装饰品。

★ 从哲学中，我至少学会了要做好准备去迎接各种命运。

★ 教育是人在顺境中的饰物，逆境中的避难所。

★ 世上最美好的事物是言论自由。

Lesson
12
亚里士多德
吾爱吾师，吾更爱真理

希腊哲学的集大成者

公元前384年，亚里士多德出生在希腊北部的斯塔吉拉，相对于雅典，这里只能被称为乡下。他的父亲是马其顿国王腓力二世的宫廷御医，所以他的家庭应当算是中产阶层。

从17岁到37岁，亚里士多德一直跟随柏拉图学习。他是柏拉图的众多弟子中最为出色的一位，柏拉图称他为“学园之灵”。不过，亚里士多德并非是唯唯诺诺崇拜个人权威的人，他尊重自己的老师，但他也有自己的想法。他曾隐喻地说过，智慧不会随柏拉图一起死亡。在柏拉图去世两年后，亚里士多德离开雅典，开始游历。

他先是接受学友赫米阿斯的邀请访问小亚细亚，在那里他娶了赫米阿斯的侄女。公元前344年，赫米阿斯在一次暴动中被杀害，亚里士多德不得不偕同家人离开小亚细亚，前往米提利尼。后来，亚里士多德被马其顿国王腓力二世召回故乡，给年仅13岁的亚历山大大帝做老师。

亚里士多德对亚历山大大帝灌输了政治、道德及哲学的教育，他本人也直接影响了亚历山大大帝的思想。正因为此，亚历山大大帝一直关心科学事业，尊重知识。他曾经说过：“生我的是我的父母，而使我明白如何生活才有价值的，则是我的老师。”然而，亚历山大大帝与亚里士多德的政治观点并不是完全相同。

公元前335年，亚历山大东征，不再需要老师，亚里士多德便重新回到雅典，走上了与他老师柏拉图一样的教育之路，在雅典的东郊建立了自己的学园——吕克昂。学园里有很多林荫道，亚里士多德喜欢一边散步一边讲课，因此，学园的哲学被称为“逍遥哲学”。在执教期间，亚里士多德写了很多关于自然科学和哲学方面的著作。

公元前323年，亚历山大去世，雅典人开始反对马其顿的统治。因为亚里士多德曾是亚历山大的老师，雅典人指控他不敬神，就像当年苏格拉底的遭遇一样。为了避难，他逃到了欧比亚岛，把学园交给了弟子德奥弗拉斯特。第二年，亚里士多德身染重病与世长辞，享年63岁。

这个伟大的思想家虽然远去了，可他的智慧与思想却永远地流传了下来。他是古希腊哲学家中最博学的人，在众多领域都做出了贡献，他的著作构建了西方哲学的第一个广泛系统，堪称希腊哲学的集大成者。

形而上学：第一哲学的确立

提起“形而上学”，现代的解释有两种：或指一种与辩证法相对立的世界观与方法论，或指一种研究超验（超出一切可能的经验之上，非人的认识能力可以达到）的东西的哲学。然而，对于“形而上学”最早的含义，还要追溯到亚里士多德的一本著作的名称，意为“物理学之后”。

亚里士多德去世后，遗著原稿由吕克昂学园的继承人德奥弗拉斯特保存，待德奥弗拉斯特死后，他又将原稿交给了自己的同学奈勒乌。结果，奈勒乌死后，他的后代们就把原稿藏在了地窖里，此后150年间，竟无人问津，以至于最后都忘记了确切的储藏地点。最后，德奥弗拉斯特的后代几经寻找，才让这部意义重大的书稿为人所知。

大约是公元前60到前50年，吕克昂学园当时的接班人安德罗尼柯对这些原稿进行了整理，他将论述超验的对象的著作安排在论述经验的有形物体的物理学之后，并取名叫“物理学之后”。由此可知，它的最初之意就是指一种研究超验对象的哲学。

后来，这本《物理学之后》传入了中国，思想家严复根据《周易·系辞》中的“形而上学者谓之道，形而下者谓为器”之分，将其翻译为《形而上学》。因为，物理学研究的对象是实在的、具体的有形之物，也就是“形”，而在“形”之上的，就是抽象的东西，是脱离实体的意识方面的范畴。所以，“形而上学”就是抽象的、脱离实物的学问，即“哲学”。

亚里士多德把知识分为理论科学（数学、生物学、神学等）、实践科学（政治学、伦理学、理财学）和创作科学（技艺学、修辞学、医学等）。他认为，一般学科研究的是存在的某一属性或某一方面，但它们从不过问这些属性或方面由之而存在的存在本身，所以一定要有一门学问专门研究“存在本身”，而这门学问就是“第一哲学”。

至此，第一哲学作为一门学科正式问世，后人称之为形而上学。

实体说：个别的东西才是真实的

亚里士多德师从柏拉图20多年，对老师的思想进行了深入的学习，但我们前面已经说过，他不是崇拜个人权威的人，在学习的过程中他的思想与老师的观点存在分歧，且他并未被老师的光环蒙蔽而放弃思考。他曾说过：“吾爱吾师，吾更爱真理。”正是对于真理孜孜不倦的追求，才成就了“青出于蓝而胜于蓝”的思想丰碑。

柏拉图认为，要认识某一事物，必须先认识事物的理念。亚里士多德不赞同老师的观点，他认为，用理念来解释事物的本质和运动时，不仅无法解决问题，还会让问题更复杂。理念论的错误在于把“理念”看成可脱离可感“个体”事物而独立存在的东西，实际上，具体的个别的东西才是真实的。这就是著名的“实体说”。

在“实体说”中，亚里士多德进一步指出：“实体有第一实体、第二实体之分”。第一实体是指客观存在的“个体”事物，如这个人、那匹马、那棵松树等；第二实体则是指“第一实体”的属或种，如“人”“动物”“植物”就是指“个体”事物所从属的属或种。

他还说：“第一实体是其他一切东西的基础，而其他一切东西或者是被用来述说第一实体，或者是存在于第一实体里面。如果没有第一实体存在，那就不可能有其他东西存在。”比如，当我们说“一匹白马”时，“白”这种颜色不是独立存在的，而是存在于“马”之中的，“白”不能成为实体。

亚里士多德的“实体说”纠正了柏拉图的“理念论”将一般与个别相分离的错误，指出了一般（“第二实体”）依赖于个别（“第一实体”）而存在，抛弃了柏拉图的唯心主义观点，坚定了唯物主义的路线。

四因说：认识事物的“原因”

亚里士多德曾说：“人们如果还没有把握住一件事情的‘为什么’，是不会以为自己已经认识了这一事物的。”他认为，研究哲学的目的在于认识事物的“原因”。所谓原因，就是事物存在和生成的根据和条件。然而，在他研究了先哲们的理论之后，却遗憾地发现，他们的理论都只认识到了某一种或两种原因，并不全面。因而，他提出了“四因说”。

亚里士多德认为，任何事物的存在都有四种不可或缺的根本原因：

质料因：形成物体的原始质料，比如建造房屋的砖瓦。

形式因：主要物质被赋予的设计图案与形状，比如构建房屋的蓝图。

动力因：推动质料变成形式的力量，比如把砖瓦变成房屋的建筑师。

目的因：事物产生和运动变化所追求的目的，比如建造房屋是为了居住。

在上述的四因中，形成事物的基础是质料，但质料本身却只有在形式因的推动下，根据形式因规定的目的，才能变成形式。如此一来，形式因似乎就涵盖了动力因和目的因。鉴于此，亚里士多德又将四因简化为二因，即“质形论”。

任何事物都不能缺少质料和形式两种因素，没有无质料的形式，也没有无形式的质料。比如：一堆砖瓦胡乱地堆砌，无法构成房屋；空有房屋的图纸没有砖瓦，也无法构成房屋。

在此基础上，亚里士多德又提出了“潜能与实现”之说。他认为，当质料没有获得形式的时候，质料是事物的某种“潜能”；当质料与形式结合之后，才能成为现实的事物。质料是潜在的形式，形式是实现了的质料，两者结合的过程就是潜能转换的过程，而事物的变化就是由其潜能走向实现的过程所造成的。

同时，亚里士多德还认为，质料与形式的作用和地位不一样。质料本身不是事物运动变化的原因，只有在形式的推动下，以形式为目的，事物才能由潜能变成现实。因此，形式才是事物存在和变化的决定性因素。不过，质料和形式的区分是相对的。砖瓦是由泥土构成的，它对于房屋来说是质料，但对于泥土来说就变成了形式，因而可以说，低一级的事物是高一级的事物的质料，高一级的事物又是更低一级事物的形式。

这一理论，体现出了亚里士多德自发的辩证法的思想。

幸福是符合德性的现实活动

和苏格拉底一样，亚里士多德也十分关注人生幸福的问题。在他看来，幸福是一切选择所趋向的最高目的的完满实现，他将幸福规定为“至善”，强调幸福是符合德性的现实活动。

亚里士多德将善分为三类：外在的善，身体的善，灵魂的善。相比前两者，灵魂的善是最高的善，是主要的善。在他看来，外在的善并不是幸福，尽管幸福需要它来作为补充。真正的幸福在于灵魂的善，内在的善，是合乎理性的现实活动。就这一点来说，亚里士多德将幸福和感官快乐等同快乐论的观点区别开来，使得他的思想学说具有了德性论的特点。

关于幸福与快乐的关系，亚里士多德认为：外在的物质只是幸福生活的必要条件，心灵的安宁与自足才是充分条件。快乐，是要发挥理智德性，赶走灵魂的痛苦，让灵魂安宁、平和、不受侵扰，用理性找到本性上令人愉悦的东西，发自内心的快乐，才可以称之为幸福。

幸福是符合德性的现实活动，这一点可以从两方面来理解：其一，幸福与德性息息相关。一个人生活得幸福与否，要看他在生活中的行为是否合乎德性。德性是善，只有善的生活才是幸福的生活。其二，幸福是通过活动实现的，德性不能停留在对德性的认知上，而是要在行动中体现出德性。他说：“我们做公正的事情才能成为公正的，进行节制才能成为节制的，表现勇敢才能成为勇敢的。”同时，这种活动不是偶然而为之的，“在一生中都须合乎德性，一只燕子造不成春天；一个白昼，一天或短时间的德性，不能给人带来至福或幸福。”

亚里士多德的德性幸福论，不仅仅停留在个人的安身立命和幸福上，还探究了治国和国家幸福的问题。在他看来，伦理与政治紧密相关，政治学研究的是国家的善，伦理学研究的是个人的善，当所有的公民都具备了善的品德，那么国家才能成为最好的。

尽管古希腊和亚里士多德的幸福观有其不可避免的时代的阶级的局限性，毕竟它们都是奴隶制时代的产物，但这并不影响我们对其合理性因素的吸纳。即便在今天看来，亚里士多德的德性幸福论依然有借鉴的意义。

亚里士多德的著名错误

亚里士多德在物理学方面的思想，深刻地塑造了中世纪的学术思想，这种影响力甚至一直延续到了文艺复兴时代。然而，现代人一提及亚里士多德在物理学上的思想，往往都会想到他犯的那个著名的错误。

亚里士多德认为，一个重10磅和重1磅的铁球同时从高处落下来，10磅的铁球会先落地，且速度是1磅铁球的10倍。当时，亚里士多德在欧洲是颇有威望的人，人们对他的这一推理完全信赖，没有任何异议，都觉得不同重量的物体落下来的速度是不一样的。

许多年过去了，直到意大利科学家伽利略的出现，这个被奉为真理的推断才被颠覆。在比萨斜塔，伽利略让两个不同重量的铁球同时落下，最终两个铁球也是同时落地的，这说明物体下落的速度与其重量并无关系。比萨斜塔的实验让世界认识了伽利略，更让亚里士多德再次受到世人的关注，人们把他的这一错误称之为最著名的错误。

★ 幸福在于自给自足之中。

★ 人最得意的时候，有最大的不幸光临。

★ 人生的最终价值在于觉醒和思考的能力，而不只在于生存。

★ 在不幸中，有用的朋友更为必要；在幸运中，高尚的朋友更为必要。在不幸中，寻找朋友出于必需；在幸运中，寻找朋友出于高尚。

★ 羽毛相同的鸟，自会聚在一起。

★ 怜悯是一个人遭受厄运而引起的，恐惧是这个遭受厄运的人与我们相似而引起的。

★ 真正的美德不可没有实用的智慧，而实用的智慧也不可没有美德。

Lesson 13 皮浪
悬搁判断，不作任何决定

怀疑主义的鼻祖

在古希腊的哲学史上，有一个人生前没有任何著述，却以独特的生活方式赢得了同时代人的尊重，甚至有人将他和苏格拉底相提并论。他的思想，经传记作家拉修尔和恩披里克的介绍，被各派哲学家广泛重视。这个特殊的人物，就是皮浪。

皮浪（约公元前365—前270）的故乡在希腊的爱利斯城，早年做过画匠，后来改学哲学，拜德谟克利特的弟子阿那克萨库为师。据说，之所以选择学哲学，是因为在一次作画时，他面对着一座山，从远处看山是紫色的，从近处看是绿色的，但山其实不紫也不绿，这件事触发了他对事物的怀疑。

皮浪的人生阅历很丰富。他曾经跟随亚历山大的军队远征过印度，在那里结识了不少僧侣和智者。他走南闯北，见多识广，有多种信仰，过着多样的生活。这种独特的生活方式，使得他极受人们尊敬，爱利斯的人们曾经还打算推选他做祭司长。

皮浪是一位怀疑主义者，所以他没做过老师，也没有写过任何著作，这就使得历史上对于皮浪的记载少之又少。他只是将自己的思想传授给身边的几位朋友，而其中一位就是著名的《讽刺诗》的作者蒂孟。蒂孟的作品，多数内容都是在贬抑一些哲学家和哲学，颂赞皮浪和他的学说。

悬搁判断，不作任何决定

皮浪有一句著名的口号：“不作任何决定，悬搁判断。”所谓“悬搁”，就是中止的意思，既不肯定，也不否定。

皮浪并不否认现象的存在，他将感觉视为感官印象的必然结果，但他否认现象的真实性，认为我们不能够说它“是”，只能说它“显得如何”，“看来如何”。因为，所有的事物都是变化的、不确定的，感性的事物不真实，事物之间的差异也是变化的。最为明显的是，对于每一个命题，都可以提出一个相反的命题与之对立，且两者都有同样的价值和效力。

在此，我们可以举例说明一下：对于同样的东西，不同的对象有不同的感觉，比如青草对于山羊来说美味可口，对于人类来说却是苦涩难咽；对于同一事物，不同的感官获得的印象不同，比如同一个苹果，用眼睛看是红色的，用嘴巴尝是甜的，用鼻子闻是香的；事物的性质因为对象的不同而不同，比如树相对于草来说是大，可相对于山来说是小，等等。

鉴于此，他认为，万事万物都是值得怀疑的，真与假、美与丑并没有明显的区分，感觉和意见并不能告诉人们真理或错误，我们不能相信感觉和意见，应当放弃一切认识和判断，保持不介入、无意见、不动摇的立场，对任何一个东西都说它“既不是也不非，既同为是和非，又不同为是和非。”

生活的目标是灵魂的安宁

曾经，皮浪和弟子们一起乘船远行。途中，他们遭遇了风暴，弟子们惊慌失措、胆战心惊，还有人痛哭流涕向神灵祈祷，只有皮浪面不改色，倚靠着船舷若无其事地哼着乐曲。

有弟子问他，为何如此镇定无畏？他指着船角一头正在安安静静进食的猪说："你看，它是多么平静，它何尝有半点恐惧？"弟子说："可它是畜生啊！"皮浪笑道："它是畜生，可它此时此刻的表现不是比人更冷静吗？聪明的人起码应该做到像它一样临危不惧，面对风浪毫不动心啊！这才是哲学家当有的境界！"弟子点点头，周围的惊呼声也渐渐平息了下去。

皮浪说的"不动心"，有两种解释：其一是完全消极的状态，既无思想和情感上的冲动，也无积极的作为，比如在遭遇风浪时，那份若无其事的淡定，这当是哲人该有的态度；其二是随遇而安的态度，即平常心，并非哲人才能达到境界。

皮浪曾经说过："最高的善就是不做任何判断，随着这种态度而来的便是灵魂的安宁，就像影子随着形体一样。"可见，皮浪并不是为了怀疑而怀疑，他对一切事物秉持怀疑的态度，不做任何判断，是为了保持不动心的状态，带来灵魂的安宁。他认为，生活的目标是灵魂的安宁，灵魂的安宁源自不动心的态度，不动心便能追寻到真正的幸福。

曾有人问过皮浪："没有理论和信仰的生活如何可能？能够保证幸福吗？"皮浪给出的回答是："有理论、有信仰的生活就一定意味着幸福吗？"

看似没有回答，实则却也给出了答案。人们之所以感到不幸往往就是因为想法太多，总认为一种生活比另一种生活更有价值，心灵始终处于焦虑、烦恼的状态。在他看来，幸福就是不断放弃各种主义、信仰所导致的心灵的宁静。皮浪一辈子跟姐姐生活在一起，每日做着平淡乏味的家务活，他向世人展示了一种无须任何说教也能恬淡幸福的生活，这种不动心的态度也让他活到了90岁高龄。

言行与学说始终一致

皮浪之所以受人尊重，是因为他的生活方式始终与其学说保持一致。

在生活中，皮浪从不逃避任何事物，也不做任何预见，更不会凭借感官武断地断定什么，而是直面一切状况。在任何时候，他都是镇定的，哪怕在他演说的时候人们陆续离开，一个也不剩，他依然会把自己要讲的话讲完。

曾经，皮浪与几个朋友在街上散步，朋友知道他是怀疑主义者，便故意出题刁难他。朋友说："皮浪，前面过来一辆马车，你说说，到底客观上有没有马车，人能不能正确地认识到马车的存在？"皮浪说："这个问题是不能回答的，因为人不可能正确认识外界事物，甚至不能说事物究竟存不存在。"朋友反驳道："既然你不敢承认马车的存在，那你敢不敢躺在马车底下，让它从你的身上轧过去？"皮浪说："敢！"说完之后，他就一个箭步冲到了马车前，躺在地上。车夫见此情景，连忙停了车，皮浪安然无恙。

有一次，一条恶狗扑向了皮浪，着实把他吓了一跳。为此，有人批评他，他说："要完全摆脱人的弱点并不容易，但我们应当竭力地与现实抗争。如果可能的话，用行为抗争；不可能的话，用言辞抗争。"还有一次，他的老师阿那克萨库掉进了泥坑，皮浪眼睁睁地看着，却不帮忙。别人都谴责他的冷漠，可阿那克萨库却很欣慰，赞赏皮浪真正能够做到不动心。

皮浪没有写下什么著作，可他的生活处处都体现着他的思想，他的哲学就是他的人生。

★ 人的行为和举止无不受习俗的制约。

★ 不作任何判断，才能保证灵魂安宁。

★ 聪明的人应该像猪一样不动心。

★ 长期形成的习俗不是轻易可以破除的。

★ 最高的善就是不作任何判断，随着这种态度而来的就是灵魂的安宁，就像影子随着形体一样。

Lesson 14

伊壁鸠鲁 快乐是人生的最终目的

悠闲的花园哲学家

亚历山大大帝的远征使得希腊城邦的独立遭到了破坏，共和政体遭到瓦解，可谓危机四伏。此时，希腊文明已经开始走向衰落，历史学家将这一段文化衰落期称之为“希腊化时”。

在希腊化时，人们害怕战争和死亡，这种恐惧感取代了人生的希望，整个社会陷入了一片混乱中，沉浸在消极悲观的氛围里，所有人都渴望找到心灵指引的秘方。哲学家以爱智为业，自然责无旁贷。在这样的时代背景下，伊壁鸠鲁出现了，带着他与众不同的哲学思想。

伊壁鸠鲁（约公元前341—前270）出生在靠近小亚细亚西岸的萨摩斯岛，但他的父母都是雅典人，是移民到这里的。很小的时候，伊壁鸠鲁就对哲学产生了兴趣，14岁时他曾长途跋涉去听柏拉图学派的帕非勒和原子论哲学家瑙西芬讲课，可是对这些前辈们所讲的内容，他并不是很满意。于是，他开始自学德谟克利特的著作。18岁那年他到雅典服兵役，之后便在小亚细亚学习和教学。

公元前307年，伊壁鸠鲁在雅典买了一座花园，在那里开办学园。正因为此，伊壁鸠鲁学派也被称为花园学派，而他也被誉为花园哲学家。他的学校在招收学生时不限性别、身份，即便是奴隶也可以到此来学习，整个学园充满了友好的氛围。据说，在这座花园的入口处有一块告示牌："陌生人，你将在此过着舒适的生活。在这里享乐乃是至善之事。"

据说，伊壁鸠鲁一生写了300部书，题材涉及众多领域，如《论情爱》《论音乐》《论公平交易》《论人生》《论自然》等，可惜这些作品后来几乎全部失散，只有三封信和题为《格言集》和《学说要点》的残篇流传下来。

公元前270年，伊壁鸠鲁因为肾结石病了整整14天。临终前，他躺在温水浴缸里，喝了一杯酒，而后对学生们说："再见了朋友们，请牢记我传授给你们的真理吧！"之后，伊壁鸠鲁便与世长辞了，享年71岁。

没有什么东西能够驳倒感觉

提及伊壁鸠鲁哲学，人们往往都先谈他的准则学，它研究的是真理的标准以及获得认识的途径。伊壁鸠鲁认为，判定真理的标准有三类。

其一，感觉。他认为，感觉是绝对真实的，没有任何东西可以驳倒感觉。感觉的有效性相等，一个感觉无法驳倒另一个同类的感觉；感觉所判别的对象不同，一个感觉无法驳倒另一个异类的感觉。即便是理性，也无法驳倒感觉，因为理性也源自感觉。

其二，预见。他认为，预见是一种储藏于心灵中的真实的意见、观念或普遍思想，是对外在东西的回忆。打个比方，这种东西是一个人，一旦我们听到"人"这个词的时候，就会预见而想起他的形状。如果没有不先预见获悉事物的形状，就无法对该事物命名。

其三，情感。他认为，情感存在于每个生物中，一个与生物相宜，另一个则与之为敌。选择什么和避免什么，完全是通过情感来决定的。情感属于内在的感觉，有快乐和痛苦之分。

很显然，伊壁鸠鲁的准则学是感性的，这种对理性的贬低必然会引起众议。不过，在当时那个年代，这样的观点却也有积极的意义，对人们对超感觉之物的迷信予以了批判和打击，也为他的快乐全义伦理学奠定了基础。

用科学来消除未知的恐惧

前面我们说过，在希腊化时期的混乱状况中，人心忐忑不安，充满了恐惧。为了消除人们对神灵和死亡的恐惧，享受快乐的生活，哲学家们挺身而出。伊壁鸠鲁之所以研究物理学，是因为他认为自然知识是为伦理学服务的，唯有让人们了解了自然万物的本性，具有科学的知识，才能打破恐惧，获得心灵的宁静。

这一点，正如詹姆斯·尼古拉斯评论的那样：“唯有哲学才能够净化人们的灵魂，让人们的心灵摆脱那些虚幻的欲望，使人们能够摆脱恐惧而幸福地生活，使之能够为了那些自然而天生就好的东西去生活。”

伊壁鸠鲁是一个唯物论证，但不是决定论者。在自然观方面，伊壁鸠鲁接受了德谟克利特的原子论，认为世间万物都是由原子和虚空构成的。他不否认神的存在，但不认为是神统治和安排世上的一切，而认为神存在于世界之外，与人类毫无关系。在德谟克利特原子论的基础之上，他又进行了补充和修正。

原子形状有限

德谟克利特认为，原子在形状方面的差别是无限的，大到无穷，小到无限，这与“原子是看不见的、不可分的东西”的基本前提相悖。对此，伊壁鸠鲁进行了修正，他说：“每种具有同一种形状的原子在数量上是绝对无限的，但是原子形状的差别却不是绝对无限的，只是数不清而已。”

原子有重量

德谟克利特在原子论中，从未提及原子重量的问题，伊壁鸠鲁对此明确提出：原子有重量的区别，这一点可以合理解释原子运动的原因。他说："原子除了形状、体积和重量以外，没有其他性质。原子以同等速度运动，因为虚空为最重的最轻的原子准备了同样的道路。"从某种意义上说，重量才是原子在虚空中运动起来的原因。

原子有偏斜运动

德谟克利特只承认原子的下落运动，这种论断否定了偶然性，也无法说明原子是如何相互碰撞而形成万物的。伊壁鸠鲁对此进行了补充，他认为：一个原子时时会受到类似于自由意志的某种东西的作用，于是就微微地脱离了一直向下的轨道，而与其他的原子相冲撞。承认偏斜也就等于承认了偶然性的存在，这一点，也为他论证公民个体的自由意志提供了理论依据。

伊壁鸠鲁认为，灵魂是物质的，原子布满了人的整个身体。感觉的产生，就是身体投射出去的薄膜触碰到了灵魂的原子，这些薄膜在它们原来所由以出发的身体解体后，依然可以继续存在，这就可以解释为梦。人死之后，灵魂就消散了，它的原子也不能再有感觉，因为它们已经无法和身体联系在一起了。所以，伊壁鸠鲁才说："死于我们无干，因为凡是消散了的都没有感觉，而凡是无感觉的都与我们无干。"

伊壁鸠鲁的意思是，死亡和神一样不值得恐惧，因为死亡只是人的感觉的丧失，当人活着时，死亡还没有到来；当死亡到来时，人已经不存在。所以，死亡与人生不相干，人应当通过哲学认识自然和人生，从对神和死亡的恐惧中解放出来，用理性规划自己的生活。

人生的目的就是追求快乐

和大多数希腊的哲人一样，伊壁鸠鲁认为哲学的中心目的是幸福生活，但与其他哲学家不同的是，他强调感官的快乐。他曾如此直白地表述过自己的想法："如果抽调了嗜好的快乐，抽调了爱情的快乐以及听觉与视觉的快乐，我就不知道我还怎么能够想象善。"

能够这样坦率地承认自己爱好享乐的生活方式，这在哲学史上都是罕见的。伊壁鸠鲁认为快乐是幸福生活的起点和终点，是最高的善，我们的一切取舍都从快乐出发，我们的最终目的是为了得到快乐，所以快乐无可辩驳地具有崇高的价值。

不过，很多人并没有真正地理解伊壁鸠鲁的快乐主义，甚至还扭曲了他的原意，把快乐主义当成了享乐主义。要知道，尽管伊壁鸠鲁把快乐和幸福等同起来，可他坚决反对把快乐和享乐相等同，他说："每一种快乐由于其自然吸引力，都是某种善，但并不是每一种快乐都值得选择。只有既自然而又必要的快乐才是我们要选择和追求的快乐。"

可见，伊壁鸠鲁所说的"快乐"，不是指奢侈放荡的快乐。那么，究竟什么样的快乐才是既简单又必要的呢？对此，伊壁鸠鲁有自己的见解，他区分了三类不同的快乐：

第一，自然而必要的，比如饿了要吃饭，渴了要喝水，困了要睡觉，满足了这样的最基本的需要，人就能够感到快乐。

第二，自然而不必要的，如奢侈的宴饮、过度的物质享受，满足这些需要也可以感到快乐，但无法增加新的快乐。

第三，不自然又不必要的，如虚荣心、爱慕权力等，虽也能够带来快乐，但这种欲望违背了人的天性。

伊壁鸠鲁认为，痛苦源自欲望不能满足，欲壑难填会产生道德上破坏性的动机，让人因为无法主宰自己的命运而产生痛苦。所以，钱财和奢侈的生活远远不及灵魂的“宁静”重要，心灵宁静了，纵然身体不健康或是没有丰裕的物质，人依然可以获得快乐，且这种快乐是稳定而平衡的。

关于必要和不必要的，伊壁鸠鲁也有自己的认识。在他看来，凡是必要的，也是容易满足的；凡是难以满足的，就是不必要的。不幸就是追求不必要也不自然的快乐，幸福就是追求必要而自然的快乐。他极力主张把欲望减少到最低限度，消除难以满足的、徒劳的欲望，避免与他人的冲突，保持心灵的平静；同时，简单而自然的需要很容易满足，一旦满足，就能给人带来快乐。

另外，伊壁鸠鲁还区分了动态快乐和静态快乐，前者是指欲望的要求和满足，后者是指无饥无渴、无欲无求的轻松状态。他认为，静态快乐高于动态快乐，因为人们在动态快乐中得到的享受或强或弱，而静态的快乐却是平稳不变的。静态快乐包含两个方面：身体免遭痛苦和心灵不受侵扰，两者互相影响，最好的生活方式就是身心愉悦。伊壁鸠鲁一生身体力行，也赢得了众多追随者的尊重。

最好的沟通方式

在有了一些声誉后，许多地方都向伊壁鸠鲁发出了演讲的邀请，这让伊壁鸠鲁感到很高兴，可紧接着问题又来了，到底该讲点什么呢?

有朋友向他提出建议：当然是讲你自己想说的话呀！人家邀请你去演讲，就是想从你身上学到知识，不然的话，人家邀请你做什么呢? 伊壁鸠鲁觉得很有道理，就将自己的哲学思想进行了整理，并写成了演讲稿。

然而，演讲的效果并不好。伊壁鸠鲁研究的哲学领域很深奥，甚至是晦涩难懂的，虽然他在台上拼尽全力地去讲解，可台下的听众们依然是无精打采、昏昏欲睡，因为大家都听不懂他在说什么。见此情景，伊壁鸠鲁觉得很难过，该怎么办呢？

于是，又有朋友给他提建议：不如讲点儿别人都喜欢听的吧！只有人家喜欢听，你讲起来才有意义啊！伊壁鸠鲁想了想，觉得有道理。于是，再次演讲的时候，他就将自己精心搜集起来的、大家喜欢听的趣事、趣闻，一股脑儿地都讲了出来。果然，大家听得津津有味，每次演讲结束时，都觉得意犹未尽。

就这样讲了一段时间，伊壁鸠鲁又觉得不对劲儿了。虽然大家都喜欢听他的演讲，可谁也无法从中学到知识。长此以往，他就不是哲学家了，而是一个讲笑话逗趣的小丑了。到底该怎么做呢？最后，伊壁鸠鲁只得去请教自己当年的老师："老师，我演讲时，是该讲我喜欢说的，还是讲别人喜欢听的呢？"老师笑答："以别人喜欢听的方式，来讲你想说的东西，这样最好。"

伊壁鸠鲁恍然大悟。此后，他将自己研究的哲学，当成小笑话、小段子作为演讲的素材，不但深受听众们喜欢，还宣扬了自己的思想。

★ 不明智、不健康、不正直地生活是不可能活得愉快的；同样，活得不愉快也就不可能活得明智、健康和正直。

★ 如果你想享受真正的自由，就必须充当哲学的奴仆。

★ 对于不能交为朋友的人，至少要避免和他们结怨；要是连这个也办不到，就要尽可能地避免和他们往来，为自己的利益疏远他们。

★ 在确保终身幸福的所有努力中，最重要的是结识朋友。

★ 对我们帮助最大的，并不是朋友们的实际帮助，而是我们坚信得到他们的帮助的信念。

★ 在智慧提供给整个人生的一切幸福之中，以获得友谊最为重要。

Lesson 15 爱比克泰德 顺应自然，服从命运

斯多葛派的奴隶哲学家

当希腊城邦陷入内忧外患的窘境时，它落入了马其顿王朝的统治；亚历山大去世后，它又逐渐被刚兴起的罗马帝国吞并了。这一时期的哲学家的思想全部始于希腊，但在罗马得到了全面发展，其中有两个哲学流派最为出名，一是伊壁鸠鲁派，另一个就是斯多葛派。

爱比克泰德（约公元55—135），古罗马最著名的斯多葛学派的哲学家之一，出生在罗马弗里吉亚的一个奴隶家庭，5岁的时候被卖到罗马的一个权贵家里为奴。奴役期间，他的腿受伤留下了残疾，身体状况也不太好。所幸的是，他在哲学方面颇具天赋，他的主人器重他，便让他师从斯多葛学派的哲学家鲁佛斯。最终，爱比克泰德成了鲁佛斯最有名气的学生，并从奴役中得到了解脱。

获得自由以后，爱比克泰德就在罗马教学，并建立了斯多葛学园。然而，平静的日子并未就此继续，罗马皇帝图密善看到哲学家的影响力越来越大，担心自己的王位不保，就下令把爱比克泰德驱赶出罗马。离开罗马后，他去了希腊尼科波利斯，在那里建立了一所学校，向前来求学的人讲述哲学，直至80岁终老于此。

爱比克泰德是继苏格拉底后对西方伦理道德说的发展做出最大贡献的哲学家，是集希腊哲学思想之大成者。他一生专注于对具体的生活伦理学的思考，并

真正地践行着自己的伦理道德思想，可谓是知行合一。当时，他已在世界享有盛名，但他始终过着清贫的日子，除了一张床、一盏油灯之外，他几乎再无其他“财产”。

爱比克泰德并未留下任何著作，好在他的学生阿里安根据他平日讲课的内容整理出了《爱比克泰德论说集》和《道德手册》，才让爱比克泰德的思想能够流传至今。

回归内在的心灵生活

爱比克泰德对宇宙的本质、物质没什么兴趣，他说：“这跟我有什么关系呢？光知道理解善和恶的本质这还不够吗？”善与恶都是以人为出发点来说的，因此在他的哲学思想里，没有宇宙的本原之类的东西，所有的核心都围绕着“人”来展开。爱比克泰德终身都在思考：我们如何才能过上充实而幸福的生活？我们如何才能够做一个好人？

在爱比克泰德看来，美好人生并不是把各项规则罗列出来，机械地去遵守，而是要寻求心灵的自由和安宁，回归内在的心灵，遵从自然规律过一种自制的生活。爱比克泰德认为真正的自由是一种美德而非反抗或坚持己见，是一种朴实地为家庭和社会服务的生活而非去操纵自然或控制人类。众人所仰慕追求的名望、财富、权力，全都是昙花一现的东西，与真正的幸福毫无关系。要收获美好的人生，当控制欲望，履行义务，认清自己以及人际关系。

爱比克泰德知道，人们在生活中会遇到各种问题，为了给身处不同境况的人们勾勒出一条通往宁静和幸福的道路，让人们懂得如何安顿自己的心灵，理性地面对生活中的一切问题，他付出毕生的心血。在他的著作中，时常会看到这样的话，如“让我平静地接受我无法改变的事情；让我勇敢地改变我可以改变的事情；请赐予我识别哪些事情我可以改变，哪些事情我无法改变的智慧。”

好的生活是内心平静的生活，幸福只能在内心找到，而自由才是生命中唯一值得追求的目标。对那些我们无法控制的事情不予理睬，才能获得自由；如果我们的头脑充满了可悲的恐惧、浮躁与野心，就不可能拥有一颗轻松自在的心。

与爱比克泰德同一时代的中国儒家创始人也曾说过：“知止而后有定，定而后能静，静而后能安，安而后能虑，虑而后能得。”这与爱比克泰德的观点大致相同，意思是说，能够知其所止，止于至善，意志才有定力；意志有了定力，内心才会安静；内心安静了，才能随遇而安；能够随遇而安，才能思虑周详；能够思虑周详，自然能够达到至善的境界。

时至今日，爱比克泰德的思想依然具有很强的启发性和指导意义，甚至有人说，他的思想预示了时下的一种心理疗法的理论：天灾人祸不足奇，想不开才出问题。他帮助人们找到了一种面对人生困难的办法，引导人们去为思想的宁静、自由而努力。

不畏权威的直言之士

一天，罗马皇帝问爱比克泰德，说：“在我眼里，奴隶就是会说话的工具，你觉得是吗？”

爱比克泰德曾是奴隶之身，深知自由的可贵，更知道这是一个为奴隶们争取政治地位和做人的尊严的绝佳时机。尽管谈话的对象是皇帝，但哲学家不应该在皇帝面前发抖。于是，他不假思索地回答：“人活在这个世界上，都是囚犯，无论是奴隶还是自由身。奴隶和其他人一样，都是‘神’的儿子，我们不应该说自己是‘希腊人’或是‘罗马人’。”

罗马皇帝又追问道：“那你认为，奴隶的地位和高贵的罗马贵族是平等的吗？”

爱比克泰德谦卑地说：“作为神的子民，我们都要服从他，这就好比一个好的公民要服从法律一样。罗马军队的士兵在出征时，都要向凯撒大帝宣誓，把他看得高于一切。可是，作为人，我们首先要尊重自己，当你站在权威者跟前时，当记得还有另外一个‘神’，它就在高处俯瞰着世间的芸芸众生，了解他们的心酸疾苦。无论是奴隶还是罗马人，都必须先取悦于‘神’，而不是当权者。”

一个奴隶哲学家，在罗马皇帝面前，能够说出这样的话，可见爱比克泰德是一个有胆量、有气魄、不畏权威的人。

身体力行的“代价”

爱比克泰德一直强调自制和忍让，对于这一点，他可谓是身体力行。

当爱比克泰德还是奴隶之身时，他就很喜欢思考，时常望着天空发呆。有一天，管家命令他在羊圈守夜，深夜来临，周围寂静无声，爱比克泰德望着星空，浮想联翩。他沉浸在哲学的世界里，忘记了周围的一切，也忘记了看守羊圈的任务。结果，几只狼悄悄地靠近了羊圈，把木栅栏钻了一个洞，在羊圈里发疯似的啃咬羊群。按理说，这么大的动静应当会让爱比克泰德发现情况不妙，可他只顾徜徉在哲学的美妙中，竟然丝毫都没有察觉。

直到第二天早上，爱比克泰德才想起羊圈。当他跑过去看的时候，发现地上有一摊摊血迹和一堆骨头，他心里暗暗叫苦。管家知道这件事情后，大发雷霆，对爱比克泰德恶言相加，还命人把他捆起来痛打一顿。

谁知道，爱比克泰德不仅没有求饶，甚至连一点痛苦的呻吟声都没有，只是默默地接受惩罚。管家见此觉得奇怪，就问爱比克泰德：“为什么你不向我求饶，你是个死人吗？”爱比克泰德说：“我为什么要求饶？我知道，我的下场肯定是一死了之，难道我一定要叫喊着、呻吟着死去吗？即便我不死，也会被流放，难道我必须用哀求来改变这种命运吗？”说完之后，爱比克泰德大笑起来。

见此情景，管家更生气了，他从未见过有人被打成这样竟然还能笑出声来，就质问原因。爱比克泰德说：“你绑了我，骂了我，打了我，难道还要阻止我笑吗？”这样的言辞和态度彻底激怒了管家，管家命人狠狠地打爱比克泰德，最后把他的腿打断了，以至于爱比克泰德成了瘸子。

爱比克泰德的伦理格言是“忍受”和“自制”，在面对他人的辱骂、殴打时，他也身体力行地坚守着自己的理念。也许，旁人会笑他疯癫，可若哲学家和常人一样，那他又何以被称为哲学家呢？

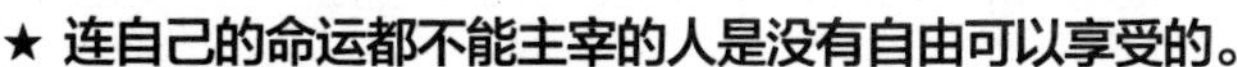

★ 连自己的命运都不能主宰的人是没有自由可以享受的。

★ 不要把信仰悬挂在墙壁上。

★ 于顺境中交朋友只需费一举手之劳，在困厄时寻找友谊简直比登天还难。

★ 对所有的人来说，思想和行为都源于一个出处，这个出处就是感觉。

★ 否定意志的自由，就无道德可言。

★ 只有受过教育的人才是自由的。

★ 假如你想做事，就得养成做事的习惯；假如你不想做事，就别去沾边。

★ 理智不能用大小或高低来衡量，而应该用原则来衡量。

★ 是否真有幸福并非取决于天性，而是取决于人的习惯。

Lesson 16

马可·奥勒留 一个哲学王的生命沉思

著名的“帝王哲学家”

如果柏拉图晚生几百年，那么他一定很欣慰，因为他在《理想国》里谈到的“哲学王”终于出现了，这个人就是奥勒留。

奥勒留（公元121—180）全名马可·奥勒留·安东尼·奥古斯都，他的父亲一族是西班牙人，但早已定居罗马，后从维斯佩申皇帝那里获得了贵族的身份。可惜，在奥勒留年幼时，父亲就去世了，他在母亲和祖父的照料下长大。

奥勒留的家庭很有势力，经常受皇帝接见。小时候因为性格坦率真诚，罗马皇帝哈德良就注意到了奥勒留。奥勒留六岁升为骑士阶级，七岁到罗马的萨利圣学园就读，且在那里接受了精英式的教育，许多在当时最优秀的思想家和文学家，都先后担任过他的老师。

当时，罗马的皇位并不是按照血统来继承的，而是由选定的过继者来接替。哈德良十分看好奥勒留，因此他在收养养子的时候，提出了一个条件：被收养者要收养奥勒留。如此一来，奥勒留就间接地成了继承人。

公元161年3月7日，奥勒留继位成为古罗马时代的第五个皇帝，拥有了皇帝专有的恺撒称号。奥勒留当上皇帝后，帝国开始出现衰落的征兆，在他执政的岁月里，多半时间都是在马背上度过的。他奔走于帝国各地抚恤民情，到帝国的边疆抵御外敌，凭借个人的努力，他维持住了帝国的基本稳定，减缓了罗马帝国衰落的步伐。

奥勒留不仅是一个智慧的君主，还是一个很有成就的思想家。他是斯多葛学派的代表人物之一，众所周知，斯多葛派的哲学讲究清净和心灵的安定，要求人们坦然地面对自然的种种纷扰。然而，罗马帝国的状况以及他的皇帝身份，让他无法避免地要卷入一些哲人不想去面对的事情。就像罗素说的那样："奥勒留是一个悲怆的人，在一系列必须加以抗拒的欲望里，他感到其中最具有吸引力的就是隐退，去过一种宁静的乡村生活的那种愿望，但是实现这种愿望的机会始终没有来临。"

面对这样的现实，奥勒留只能从自己的内心深处，从斯多葛学派的哲学思想中，寻找慰藉。他为平定动乱而征战四方，辛苦至极，可即便如此，他也会在片刻闲暇时，写下与自己心灵的对话，从而著成了永传后世的《沉思录》。尽管奥勒留的勤勉未能挽救古罗马的命运，可他的《沉思录》却成了西方历史上最为感人的著作之一。

事物不能拂乱灵魂；人生不过一种意见

奥勒留从小就对探索万物的本源感兴趣，11岁那年，他故意穿着古希腊与罗马哲学家们常穿的简陋长跑，模仿他们的生活方式。在奥勒留生活的年代，罗马帝国奉行斯多葛派哲学。斯多葛派认为：整个宇宙是一个神，一个心灵，它分配给每一个人以灵魂。人当摒弃肉体的享受，去完善自己的灵魂。奥勒留十分向往这种高尚的生活，他的志向不在于能成为一个万人之上的皇帝，而是要成为一个宇宙公民。

世俗中的人们常常认为，内心的痛苦不安源自外物的诱惑和违逆，奥勒留告诉人们，这是不确定的，甚至是自欺欺人的，是逃避人生的借口。他信奉两条格言：事物不能拂乱灵魂；人生不过一种意见。如果生活让你感到痛苦，那就去反省并去除自己的意见和观念，是它们使你痛苦，而不是生活本身。一切事物说到底都是一种意见，只要你愿意，都属于你的思想所支配。

由此可见，奥勒留不必去寻觅什么隐逸的丛林，他已经在自己的心中找到了寺庙。所以，他不像一般的隐者那样，去逃避自己的责任和义务，他认为逃避和追逐一样都是烦恼的诱因，他不追逐，也不逃避，而是平静地面对。

根据奥勒留的哲学，回归心灵和回归宇宙之神的道路是同一条。所以，即便是死亡，他也认为是一件善事。在执政的那些年，他四处征战，早已做好随时放弃生命的准备。都说皇帝是孤独的，可奥勒留却很幸运，他拥有很多知己，直到去世前三天，他依然跟他们在一起谈论宇宙、神灵和人生的深奥哲理。

圣人哲学的实践者

作为斯多葛派的哲人，奥勒留或许并没有太多个人创见的哲学主张，但他是哲学的实践者，绝非一个饶舌的学问家。在生活中，去实践一种犬儒主义或是存在主义，并不太难，可要去实践斯多葛派这样的圣人哲学，实属不易。

后人在奥勒留的哲学中，发掘出了许多可疑的问题：命定论与自由，虚无主义与仁义道德，这些矛盾的东西被放在一起；还有他的普爱思想，也被视为爱的幻想、爱的乌托邦。然而，奥勒留在现实中，躬亲实践了这些看似矛盾和不可能的爱。

据说是在169年，罗马军队在掠夺阿波罗神庙时，打开了一个神秘的金盒子，里面藏着疾疫的毒菌。于是，末日降临，意大利的许多村庄和城市都沦为了废墟，罗马城里也有近万人丧命。正当奥勒留为赈救灾民焦头烂额时，他亲信的将军却试图谋反。叛乱最终被平定了，杀死谋反将领的正是他的下属。可是，对于将军的死，奥勒留却深感遗憾，他感慨权力的欲望毒害人心，还说被要求宽恕的应当是他自己。最后，奥勒留毁掉了一切有关叛乱的文件，以免牵连参与其中的人。

这样的做法，实则就是在印证斯多葛派的哲学主张：不要试图从权力、地位、名誉等身外之物中寻找快乐，要在物质面前保持心灵的尊严。罗素曾经指出，“马可·奥勒留确乎曾经敕令过角斗士必须使用粗钝的剑进行角斗，但是这种改革是暂时的，而且他对于人与野兽的角斗也没有做过任何改革”。

我们不能离开奥勒留所处的历史境况去要求他，毕竟个人的力量不足以改变整个社会的风貌和历史的积弊，这也不符合奥勒留的哲学。但是，我们不要忘记，奥勒留不仅仅是一个哲学家，他也是一个皇帝。在整个西方文明中，这样的贤君也是少见的。

★ 你的心也许会破碎，但人们却依旧会像从前一样生活。

★ 记住：过了今生今世，人就再也得不到什么来生来世。眼前的人生，对谁都无二致。我们浪费或得到的，恰恰都是正在飞逝的光阴。

★ 人们相互蔑视，又相互奉承，人们各自希望自己高于别人，又各自匍匐在别人面前。

★ 不要去注意别人心里在想什么，一个人就很少会被看成是不幸福的，而那些不注意他们自己内心活动的人却必然是不幸的。

★ 当身体依旧健壮时，就已在人生之路上蹒跚踉跄，这是灵魂的羞耻。

★ 不要为将来担忧。如果你必须去到将来，你会带着同样的理由去的，恰似你带着理由来到现在。

★ 一个人不管别人的言行思想是否正确，只管注意自己的行为是否正确，那么这个人的生涯将是何等丰富。

★ 永远记得，你不需要拥有很多，就能拥有一个快乐的生活。

★ 每个人的生命都是足够的，但你的生命却已接近尾声，你的灵魂却还不去关照自身，而是把你的幸福寄予别人的灵魂。

Lesson 17 奥古斯丁 追随信仰的圣徒之声

从不羁浪子到教父哲人

公元5—15世纪，宗教信仰一枝独秀，哲学家所爱好的“智慧”，顺理成章地配合宗教的教义而发展，教父哲学家应运而生。在中世纪众多的思想家中，奥古斯丁可谓是基督教早期教父的集大成者。

公元354年11月13日，奥古斯丁在北非小城塔加斯特出生。他的父亲生性善良，但脾气暴躁；母亲温柔善良，是虔诚的基督徒，即便丈夫无缘无故发火，她也会好言相劝。在奥古斯丁很小的时候，母亲就迫切地为他流泪祷告，希望他长大后也信仰基督教。父亲对他的期望是在仕途上有所作为，了却自己未能实现的心愿。

7岁那年，奥古斯丁进入学校学习拉丁文和初等算数。他生性顽劣，经常逃学游荡，可即便如此，他的成绩却不差；12岁那年，奥古斯丁到马杜拉城学习古典文学和修辞学；16岁那年，因为家境拮据，他便暂时休学。那一年，青春期的萌动和肉欲的力量，一点点地主宰了奥古斯丁的心灵，他逐渐陷入罪恶的泥潭中，无法自拔。他随同伙伴盗窃，并以此为乐。

在家乡胡混了一年后，父亲将奥古斯丁送到迦太基学习修辞学和哲学。迦太基的社会风气并不好，奥古斯丁一来到这里，就陷入了放纵的气氛中。他跟一名迦太基女子有了一个私生子，后又跟另一女人同居，生活堕落放荡。

19岁时，奥古斯丁受西塞罗著作的影响，思想发生转变，开始向往不朽的智慧，并信仰了摩尼教。之后的9年里，他发现摩尼教并不能使他内心感到安宁，渐渐对其感到失望。之后，他去了罗马，又辗转到米兰，在那里做了雄辩术教授，通晓了新柏拉图主义。在听了米兰的主教圣·恩布路斯的说教后，他对基督教有了全新的、深刻的认识，加之母亲的劝导，他的信仰开始慢慢地倾向于基督教。

公元386年的一天，奥古斯丁在一个花园中猛然忏悔，得到了主的引导，经过一番激烈的心理斗争后，他毅然决然地抛弃了教授职位及自己的情人，接受恩布路斯的洗礼，皈依基督教。

此后，奥古斯丁投入了反对异教的活动中，四处布道。他借助自己深厚的拉丁文化与古希腊哲学背景，从哲学的高度论证了基督教的基本教义，使信仰和理性完美地结合起来，使得古希腊罗马哲学获得了新的形式，他也因此成为名副其实的“基督教之父”和最伟大的教父哲学家。

上帝创世与上帝之城

苏格拉底、柏拉图等希腊哲学家所理解的神是一个赋形于质的工匠，而基督教所理解的上帝则是一个“无中生有”的创世者。上帝创造这个世界，既不需要什么工具，也不需要什么材料，就连时间和空间也不存在，他仅仅凭借语言就可以产生出整个世界。

奥古斯丁在《忏悔中》写道：“你创造天地，不是在天生，也不在地上，不在空中，也不在水中，因为这些都在六合之中；你也不在宇宙之中创造宇宙……

你也不是手中拿着什么工具来创造天地……你是用你的‘道’——话语——创造万有。”

奥古斯丁认为，自从人类的祖先亚当、夏娃偷吃禁果被贬到人间后，现实世界就被划分成了两座城：一座城是按照肉体生活的人组成，另一个座城按照灵性生活的人组成。前者是“尘世之城”，是撒旦的领域，在现实中表现为异教徒的生活态度；后者是“上帝之城”，一座永恒之城，在现实中代表着它的就是教会。

“原罪”与“救赎”

奥古斯丁对于基督教神学的另一大贡献就是原罪与救赎思想。

在初期基督教神学中，在上帝论和基督论之外出现了另一个重要的领域：人性论。人性论探讨的核心问题就是“原罪”与“救赎”。奥古斯丁认为，唯有善才是本质和实体，它的根源就是上帝；罪恶只是“善的缺乏”或“本体的缺乏”。上帝是一切善的根源，他并未在世间和人身上创造罪恶，罪恶的原因是人滥用了上帝赋予的自由意志，自愿地背离了善的本体。当人的意志遭遇了贬低和压制，人的邪恶本质就无法让其依靠自身的力量去向善，此时唯有上帝的恩典才能让人类重获善良，并最终得到救赎。

在《忏悔录》中，奥古斯丁提到，一个刚出生不久的婴儿，看到母亲给其他婴儿哺乳时，眼神里流露出了妒忌和愤怒。由此，奥古斯丁得出：刚出生的婴儿也是有原罪的，这一点就与基督教的“原罪”不谋而合。不过，婴儿的这一罪行，依然可以在上帝那里得到救赎。依据这一观点，奥古斯丁发展出了婴儿洗礼的教义，只有借着洗礼，才能除去人的原罪；但是洗礼无法除掉“原罪性”，正是因为“原罪性”，人才无法行完全的善。罪人若要行神眼中看为正的事，必须从爱神的动机出发才有可能达成。

三位一体论思想

奥古斯丁把灵魂分为记忆、理智和意志三种功能，并认为这三者是统一的。灵魂是上帝意志在人身上的体现，是高贵的，但身体（感官）却是邪恶和受诅咒的，这种诅咒是为了惩罚亚当屈从诱惑的原罪。要想将灵魂从诅咒中解放，就必须要抵抗邪恶的诱惑。因此，要美德就必须控制感官的贪婪。

上帝把世界分成道德的存在和不道德的存在，也就是说，上帝任意决定了有的人可以抵抗诱惑，有的人却不行。这就表示，除非一个人可以用灵魂来控制自己的身体，即用记忆、理智和意志控制感官上的贪婪，否则就会受到上帝的诅咒。那些不能控制身体的人，是上帝已经预先决定了的。

幸福论与欲爱

从哲学上说，奥古斯丁坚持希腊古典的目的论和幸福论，认为人是一种寻求幸福的理性存在。他说：“所有能够在任何程度上使用理性的人都渴望幸福，这是一个不争的事实。”他和柏拉图主义者一样，认为爱的目的是为了幸福，且只有永恒不变的“至善”才能满足人的幸福。与之相区别的是，奥古斯丁的“至善”是上帝，而不是善的理念。

奥古斯丁进一步指出，人的“至善”需符合两个条件：其一，它不可能是低于人自己的东西；其二，它必须是某种在我们不愿意的情况下不会丧失的东西。所以，人只有把意志转向永恒不变的上帝，才能获得真正的幸福。

在奥古斯丁看来，爱可以根据对象的不同划分为两种：当爱的对象向下指向被造之物的时候，这种爱就是“贪爱”；当爱的对象向上指向创造者的时候，这种爱就是“纯爱”。“贪爱”是对世界的爱，短暂易逝；“纯爱”是对上帝的爱，永恒不变。因此，当人爱世界的时候，他就陷入了比自己低级的被造界；当人爱上上帝的时候，他就向上升腾。

在《论三位一体》中，奥古斯丁不止一次谈到真正的爱与欲求的区别。他说：“是真实的被称为爱，否则就是欲求；那些欲求的人被不适当地说成是在爱，正如那些爱的人被不适当地说成是在欲求。但是，只有坚持真理，按照公义生活，从而鄙弃一切与爱人相对的世间事物，才是真正的爱。”

美学思想

奥古斯丁认为，一切美都来自上帝的创造。然而，与精神美相比，物质美是短暂的、相对的美，唯有上帝的美才是至高的、绝对的美。上帝的美不是感性世界里所呈现的色彩、旋律、芳香等，它超越人的感官和任何具体的形象。对于这种神性的美，只能以心灵来观照，唯有具备真挚崇高的感情和纯真的灵魂，才能够领略到这种美。

当然，物质美也有其价值所在。奥古斯丁认为，物质美可是一种可感美，是人类可直接认识的唯一的美，它也是上帝的创造物，是精神美的映像。一切自然的美的事物，都是在颂扬上帝的神性和信仰的奇迹，这样一来，可感美中就有了一种宗教的神学的价值。比如，对太阳的欣赏，与其说是它的灿烂光焰，不如说是它象征着上帝的光辉。

奥古斯丁还认为，美与丑没有明确的界限。丑之于美，犹如阴暗之于光明，只是美的一个对立因素。孤立地看丑，从整体上看反而烘托出整体的美。

奥古斯丁把古希腊哲学中的一些理论和基督教教义糅合在一起，第一次系统地论述了一种基督教的美学思想。他的美学可谓是中世纪的权威思想之一，其提出的“神性美”的概念在基督教世界中经久不衰。

★ 坏习惯不加以抑制，不久它就会变成你生活上的必需品了。

★ 人与人的友谊，把多数人的心灵结合在一起，由于这种可贵的联系，它是温柔甜蜜的。

★ 万物的平和在于秩序的平衡，秩序就是把平等和不平等的事物安排在各自适当的位置上。

★ 悭吝人好比地狱，吞咽得越多就越想吞咽，贪得无厌。

★ 信仰是去相信我们所从未看见的，而这种信仰的回报，是看见我们相信的。

★ 做好分内之事不应该受到奖励，因为这是我们的义务。

Lesson 18 爱留根纳 自然与上帝

中世纪哲学之父

爱留根纳（约公元800—877）是“加洛林朝文化复兴”最著名的思想家，他是爱尔兰人，在公元843年应皇帝查理的邀请到巴黎讲学，深得查理的赏识，之后便留在了宫廷学校担任校长。他通晓希腊文，曾把伪狄奥尼修斯的著作翻译成拉丁文，定名为《大法官书》。

爱留根纳撰写了《论自然的区分》《论神的预定》等著作，建立了中世纪第一个完整的哲学体系，成为这一时期独具一格的哲学家，被誉为“中世纪哲学之父”。对于他的贡献，黑格尔曾说，这个时期真正的哲学就是从爱留根纳开始的。

信仰应当服从理性

关于如何对待理性这一问题，教父哲学有不同的态度和立场，但在信仰与理性的关系上，教父们的观点却完全一致。在基督教哲学的历史上，爱留根纳第一个明确提出：信仰应当服从理性。

爱留根纳并不否认圣经和教父们的权威，但他认为哲学才是探求真理最可靠的途径，对圣经只能作讽喻的解释：将圣父理解为创造的实体，理解为一切事物的本质性；将圣子理解为上帝创造万物所遵从的理智；将圣灵理解为创造的生命或生命力。如此，才能把上帝理解为三位一体。

爱留根纳重申了教父哲学的命题——“真哲学就是真宗教，真宗教就是真哲学”，只不过，他把强调的重心转移到了哲学和理性上。如果哲学与宗教、理性与信仰之间出现了矛盾，我们当服从理性，对此，他是这样说的：“一切权威，只要它没有被理性确证，就是相当软弱的，真正的理性依靠其内在的威力，不需要任何权威的支持。”

很明显，爱留根纳并不是要否定信仰，他只是推崇理性、推崇思维的精神，希望信仰和理性取得一致。在基督教哲学中，能诞生这样的思想实在难能可贵。

自然的区分

爱留根纳的哲学思想最主要的核心就是自然的区分，他曾在《论自然的区分》一书的开篇就对“自然”作出了规定：“自然乃一般名称，指的是全体存在的与不存在的”，是“心灵所能了解的或者超越心灵力量所能及的全部事物”。

显然，爱留根纳在这里说的自然，是一个广泛的概念。那么，包罗万象的大自然到底该如何分类呢？对此，爱留根纳进一步将自然分为四类：

其一，创造而不受造的自然，包括存在和不存在的一切的原因，指的是上帝。他认为，上帝可以说是“在受造物中被造”，或者在他所造的万物中被造，即上帝在受造物中“彰显自己”。这一说法，实则是受新柏拉图主义的影响。

其二，被创造又能创造的自然，是众多的创造的原因，指的是存在于上帝之中的诸理念。

其三，被创造而不能创造的自然，它是由于在时间和空间中产生出来而被认识的，指的是世界上的万事万物，是上帝理念的表现。

其四，不创造又不被创造的自然，作为一切事物的终极目的，指的仍是上帝。

这样，万物产生自上帝，又复归于上帝。上帝创造万物，无非是说上帝现存于万物，上帝是一切存在的本质，整个自然在上帝这里达到了统一。

人的获救

根据爱留根纳的存在学说，人是一种特殊的存在，是由上帝按照自己的形象创造的。上帝在创造人的同时，把一切事物的观念都置放在人的心中。所以，人本身就是一个缩小的世界。

人由于犯罪而失去了自己的存在，成为不存在，但也可以通过恢复先前的状态而重获存在。所谓的天堂和地狱，其实并非具体的地方，而是人心灵的状态。地狱，是因犯罪而感到痛苦；天堂，是因德行而感到幸福。由此，爱留根纳得出：一切存在都是不死的，最终都将回归到上帝那里，就算是魔鬼也可以得救，只是时间稍稍迟了一些。

爱留根纳的这一思想，在当时看来，其实是很超前的。对此，恩格斯这样评价："他的学说在当时来说是特别大胆的，他否定'永恒的诅咒'，甚至对魔鬼也如此主张，因而十分接近泛神论。"

事实也的确如此。在中世纪时期，基督教思想占主导地位，爱留根纳的自由思想无疑有其独到的创见。正因为此，他的著作曾经受到两次宗教会议的谴责，后世的教皇还下令焚毁《论自然的区分》的全部抄本。所幸有秃头查理的保护，爱留根纳才幸免于难。但在秃头查理去世后，爱留根纳就销声匿迹了。不管怎样，他的思想保留了下来，他的智慧至今都令人敬佩，而他在哲学上的贡献也是不可抹杀的。

爱尔兰人与笨蛋的距离

爱留根纳与罗马帝国的查理大帝相处十分融洽，关系不像君臣，反而更像是相谈投机的“哥们”。

一次用餐时，查理大帝发现“爱尔兰”和“笨蛋”两个词语的读音很相近，就调侃说爱尔兰出生的哲学家：“你说爱尔兰人和笨蛋相差有多远？”爱留根纳听后会心一笑，冲着桌子对面的查理说道：“就隔一张桌子那么远，陛下。”查理不以为忤，大笑起来。

★ 真哲学就是真宗教，真宗教就是真哲学。

★ 一切权威，只要它没有被理性确证，就是相当软弱的，真正的理性依靠其内在的威力，不需要任何权威的支持。

Lesson 19 安瑟伦 上帝存在于现实中

最后一位教父和经院哲学之父

公元11—12世纪的欧洲，在沉睡了几百年后开始了思想的警觉。在信仰之下，人们渴望重新理解人与自然，确定人的价值和地位。这一时期的思想运动和当时的教会学校，特别是后来的大学有着紧密联系，因此人们把这一时期的哲学称之为“经院哲学”，也就是发生在学院中的人的思想。

在经院哲学的开创时期，教父哲学开始没落，当时的基督教世界与伊斯兰世界开始有了大量接触，穆斯林哲学家关于伊斯兰世界的作品翻译以及注解大量流入基督世界，医学、逻辑学、大学教育对天主教以“罗马教会”为绝对权威的社会造成严重挑战。安瑟伦恰恰活动在这一时代，因此，他誉为“最后一位教父和经院哲学之父”。

安瑟伦（1033—1109）出生在意大利北部皮埃蒙特的奥斯塔，母亲是虔诚的基督徒，他自幼与母亲关系很好，但与父亲格格不入。母亲去世后，他放弃了所有的遗产，离开家乡。1059年，安瑟伦进入法国贝克的本笃修道院，后接任校长的职位。1078年，安瑟伦到英国拜访坎特伯雷大教主兰弗朗克，后接任了他的职位。

不过，安瑟伦在英国的经历十分坎坷，因拥护罗马教权益与英王发生争执，前后被流放两次。1109年4月21日，安瑟伦去世，后被封为圣徒和教会博士。

上帝存在的证明

在思想上，安瑟伦继承了奥古斯丁的衣钵，认为信仰高于理性，理性应当服从信仰。不过，他提出“我信是为了理解”和“信仰寻求理解”的口号的同时又认为，如果仅仅有信仰而不诉诸理性，则近乎玩忽。对于中世纪的思想家来说，上帝是一切问题展开的起点，也是一切思考和行动的终点。安瑟伦认为，如果没有上帝的指示和启示，我们就无法找到上帝，只有信仰才能使我们接受上帝的指示和启示。所以，信仰是基督徒的出发点。

从上述原则出发，安瑟伦力图在哲学上论证上帝存在，从而提出了哲学史上著名的自有而永有者存在的“本体论论证”。他首先断定，人心中有至高无上者的观念，继而宣布至高无上者不可能只作为观念存在于人心中，它必然也在现实中存在，上帝就是这样的至高无上者，因此他推论出，上帝必然存在于现实中。

依照这样的证明，上帝的存在就是一个必然的真理，否认上帝的存在必然会导致逻辑上的自相矛盾，所以证明上帝的存在根本无须借助有限的经验事实，只要借助先验的逻辑力量，仅仅从概念上就可以推演出上帝的存在。

安瑟伦的论证遭到了同代人高尼罗的驳斥，高尼罗在《为愚人辩》中指出，存在于心中的未必存在于现实中，认为安瑟伦所证明的至高无上者不过是“海上仙岛”。后来，安瑟伦的本体论论证得到了笛卡尔、黑格尔等的肯定和修改，但也被阿奎那、康德等人摒弃，可谓是看法不一。

救赎论的补偿说

安瑟伦在《神何以成人》一书中，认为世人因犯罪而冒犯神的尊严，神为了维护其尊严和统治，坚持有罪必罚的“公义”，要求对世人施以刑罚，不然必要适当的补偿以满足神的要求。基督是神之子，以无罪之身代人受死，以满足神的“公义”。后世将这称为救赎论的满足说或补偿说。

安瑟伦在他早期的著作《论信仰》中，曾经以极端的唯实论力斥洛色林的唯名论，认为一般是独立于个别之外的客观实现，一般高于个别，越是一般的东西越有实在性。神是一般的，因而最实在。依照这一理论，安瑟伦提出：神和教会高于一切，教皇权力高于世俗君主。安瑟伦的这种唯实论，后来被天主教作为论证三位一体、原罪论等教义的理论基础。

★ 我绝不是理解了才能信仰，而是信仰了才能理解。

★ 一本书置于一个无知者的手中，就像把一柄剑放在一个顽童手中那样危险。

Lesson

20

托马斯·阿奎那
人生之幸福在于信仰

经院哲学的集大成者

托马斯·阿奎那（1225—1274）出生在意大利南部的贵族家庭，他的父亲是一位伯爵，叔叔是附近修道院的院长，伯爵一家希望阿奎那长大后可以继承叔叔的事业。在当时，贵族子弟想要出人头地，往往都会选择这一途径。

阿奎那5岁进入修道院学习，16岁考入那不勒斯大学。大学期间，他加入了多名我会，这个组织对欧洲中世纪早期建立的神职阶层发起了革命性的挑战。得知阿奎那的这一转变后，其家族十分不悦，他们曾试图用监禁的方式迫使阿奎那放弃自己的志向。可惜，阿奎那坚定不移，在17岁那年，他还是穿上了多名我会的会服。

师长看出阿奎那在神学方面颇具天赋，后送他到科隆的多名我神学院，跟随大阿尔伯特学习哲学和神学。次年，他跟随大阿尔伯特到巴黎大学学习。在巴黎的三年间，他专心治学，同学给他起的绰号为“沉默的公牛”。大阿尔伯特说：“你们称他为‘沉默的公牛’，但我却要告诉你们，这头沉默的公牛将大声咆哮，他的声音将充盈回绕整个世界。”结果，阿奎那在一次激烈的论辩中，击败了当时赫赫有名的大学校长圣阿穆尔的论点。

阿奎那取得了神学学士学位后，开始在巴黎、科隆、罗马等地教授神学和哲学，影响力越来越大，后被罗马教廷任命为神学顾问。1274年，阿奎那在参加第二次里昂会议的途中病逝。

阿奎那一生致力于论证天主教正统教义，与各种异教做争辩。他一生著有18部巨著，其中包括集基督教思想之大成的《神学大全》和《反异教大全》等，他将基督教的神学思想和亚里士多德的哲学融合在一起，建立了经院哲学体系，成为西欧中世纪思想领域中最具影响力的学说。

哲学是神学的婢女

教父哲学家和经院哲学家一直围绕着“信仰和理性的关系”进行探讨，普遍的看法是信仰高于理性。埃及教父哲学家奥里根曾经明确地说：“如果俗界智人的儿子们说，几何学、音乐、文法、论辩术、天文学是哲学的婢女，那么，关于哲学和神学的关系，我们可以说同样的话。”这大概是“哲学是神学的婢女”最早的说法，阿奎那继承了这一点，他明确地提出了“哲学是神学的婢女”，说神学的原理不是从其他科学来的，而是凭启示直接从上帝来的，所以，它不是把其他科学作为它的上级而依赖，而是把它们当成奴仆来使用。

为什么说哲学是神学的婢女呢？对此，阿奎那给出了以下几点原因：

其一，神学在研究范畴上高于哲学。哲学只研究人的理性所能涉及的东西，神学却可以研究超越理性的至高无上的存在。

其二，神学在确定性上高于哲学。哲学的确定性源自人的理性，难免会犯错误；哲学的确定性源自上帝的关照，是绝不会犯错的。

其三，神学的目的性高于哲学。哲学的目的至高就是治国，神学的目的却是追求永恒的幸福。

其四，神学在地位上高于哲学。哲学依赖于神学，以神学为最终目的；神学独立于哲学之外，源自上帝的启示。神学可以借助哲学来发挥，但并不依赖于哲学，只是借助它来解释自己而已。

综上所述，阿奎那得出结论：哲学和神学都可以存在，理性与信仰也可以共存，但神学高于哲学，哲学是神学的婢女；信仰高于理性，理性是信仰的补充。

上帝存在的五个证明

阿奎那是虔诚的基督徒，自然相信上帝存在。对于这一点，他综合了先哲的说法，提出了著名的“五路论证”，即从五个方面来证明上帝的存在。

其一，依据事物的运动来证明。事物的运动是客观事实，但一个物体的运动需要依靠另一事物的推动，每一个推动者又被其他的事物所推动，由此构成了运动的系列。按此推理，最初必有一个不动的推动者，他启动了整个系列，自己不受任何东西的推动，这第一推动者就是上帝。

其二，依据事物的动力因来证明。世上发生的每一个结果都有其原因，而这个原因本身也有其原因。按此推理，有果必有因，但又不能推到无极，所以一定存在第一形成因，这个最初的动力因就是上帝。

其三，依据事物的可能性和必然性来证明。自然的世界都在产生和消灭的过程中，事物如果不凭借某种已经存在的东西，它就不会产生。每一必然的事物，其必然性有的是由其他事物所引起，有的则不是。不能不承认，有一物本身就具有自己存在的必然性，并使其他事物得到他们的必然性，这个必然存在的终极原因或自因就是上帝。

其四，依据事物的真实性的等级来证明。一切事物的真、善、高贵都有由低到高的不同登记，在高处必有一个至真、至善、至高贵的存在，使得世间一切事物得以存在并具有不同登记的真实性，这一存在就是上帝。

其五，依据自然的目的性来证明。世界上任何事物都是为了一个目的而运动的，如果没有一个最高目的的指引，世间万物的运动就无法达到其目的。所以，必定有一个最高的目的，使得一切事物都依靠它的指引而趋向自己的目的，这个最高的目的就是上帝。

阿奎那提出的五个方面的论证，借鉴了亚里士多德等哲学家静止与运动、原因与结果、偶然与必然及相对与绝对等哲学范畴，可总结为其是从形而上学的角度来论证上帝存在的。比起安瑟伦来，他的论证哲学显得更为完善。

幸福在于看见上帝

幸福究竟是什么？对于先哲们所说的“至善”“至德”，阿奎那似乎觉得都不尽意。他觉得，如果只有人间的幸福，那么作为一切事物的创造者上帝的位置又将如何解释呢？如果像奥古斯丁那样，把幸福全部让渡给上帝，那又该如何解释世间人们的物质享受等部分欲望的满足现象呢？

阿奎那认为，真正的幸福只能在上帝那里，他将其称之为最高幸福，也就是“至善”。这是一种排除了一切恶和一切欲念的“普遍的善”，只能在上帝身上找到。因为，人类有探索事物的渴望，且对上帝的认识是人的根本要求，这种渴望和要求人们永远得不到满足。如此一来，人就不会有绝对的幸福。阿奎那还认为，尽管上帝在创造人的时候，根据人的不同赋予了他们不同的从善倾向，但这并不能替代众人之善。所以，阿奎那得出结论：只有上帝才是众人之善之所在，在上帝那里的幸福才是众人的幸福。

显然，阿奎那借鉴了奥古斯丁的上帝幸福论，同时也发展了亚里士多德的幸福论，因为亚里士多德曾经说过，具有神性的人可以达到至善和幸福，阿奎那把人换成了上帝，又舍弃了一切世俗的欲望，将两者完美地结合起来。

至于如何才能得到幸福，阿奎那认为，只有去认识上帝、爱上帝，才能够得到上帝的恩赐，分享上帝的幸福。他提倡人们在现世过有节制的修性生活，爱上帝，并尽义务地积极生活，不要沉湎于物质的享受，受物质欲望的诱惑。

★ 人生在世，不过是过路的旅客。

★ 美与善是不可分割的，因为二者都以形式为基础；因此，人们通常把善的东西也称赞为美的。

★ 所有快乐中最伟大的快乐在于对真理的沉思。

★ 无论何人，如为他人制定法律，应将同一法律应用于自己身上。

★ 宗教使人信仰上帝，不是把上帝作为它的对象，而是作为它的目的。

★ 真正的爱是稀世珍品，财富买不到，权势也占不了。

★ 没有任何智慧是可以不经由感觉而获得的。

★ 完美的幸福在于看见上帝。

★ 一切知识都是为了在一切地方认出隐含的上帝。

Lesson 21 奥卡姆 如无必要，勿增实体

不可战胜的博士

阿奎那的正统经院哲学深受教会和教皇的认可，但在教会内部，也有很多人不认同阿奎那的学说，对其批驳最厉害的人就是奥卡姆，他是阿奎那之后最重要的一个经院哲学家。

奥卡姆（约1285—1349）出生在英国苏黎的奥卡姆，曾经就读于牛津大学，以优异的成绩完成了获得神学博士学位的所有课程，但因在思想上与基督教正统教义不合，未能获得博士学位。1322年，他发表了一些反对教皇专权的文章，被教皇宣称为“异端”。在当时，这可是不小的罪名。1324年，奥卡姆被教皇下令拘捕，关进亚威农教皇监狱。

1328年5月，奥卡姆越狱，逃往意大利比萨城，之后又去了德国的慕尼黑。在那里，时任神圣罗马帝国皇帝路易四世收留了他，他对皇帝说：“你若用剑保护我，我将用笔保护你。”因为机智敏捷，奥卡姆获得了“不可战胜的博士”的称号。

此后，奥卡姆公然与罗马教廷断绝关系，在慕尼黑定居，对教会和阿奎那的正统经院哲学进行批驳。1347年，路易四世去世，奥卡姆失去了依靠，再次遭到教廷传讯。可惜，还未等教廷给他定罪，黑死病就爆发了，奥卡姆尚未签署相关文件就去世了。

奥卡姆剃刀

奥卡姆是一个坚定的唯名论者，他反对以阿奎那为代表的官方哲学，反对彻底区分哲学和神学，将上帝存在证明从哲学中剔除，指出关于上帝是否存在是一个信仰的问题，而不是人类理性所能把握的问题。

奥卡姆还反对唯实论者将共相本体化，认为只有个体才是真实的存在。这一说法听起来晦涩难懂，事实上，如果用一些例子来解释，十分简单。比如，“水果”这一概念就可以剔除，因为我们已经有了“苹果”“香蕉”“葡萄”等具体事物的名称或概念，没有必要在这些具体的东西上面再确立“水果”这一概念，也没有必要把“水果”当作本质，它顶多算是逻辑本质。

以此为基础，奥卡姆提出了那句著名的口号：“如无必要，勿增实体。”他的意思是，只承认一个个确实存在的东西，凡干扰这一具体存在的空洞的概念都是没用的赘述；在对同一理论或同一命题的论证过程中，多种解释和证明过程中，步骤最少最简洁的证明是最有效的。

这种独断的思维方式，被称为“奥卡姆剃刀”。他运用这把思想的剃刀，把“实体形式”“隐蔽的质”“影像”等概念全部认定为多余的东西，都该加以抛弃。

“奥卡姆剃刀”向正统经院哲学发起了革命，这自然就激怒了教会，而他遭到迫害也在所难免。但是，如果抛开他所处的特殊的时代背景，这一命题确实带给人们启发意义，许多科学家在运用了这把“剃刀”之后，得到了精炼得无法再精炼的科学结论，他们对该原则最常用的表述是：“当两个不同理论给出同样精确的预言时，哪个更简单，哪个就更好。”

★ 自由是一种能力，使人可以在不受干扰的情况下，偶发式地制造某种效果。

★ 共相表征个体，并在命题中代表个体。唯有个体才存在，共相不离人心。

Lesson 22 托马斯·莫尔 一个空想社会主义者

坚持己见的“圣人”

继古希腊罗马文化繁荣之后，欧洲文化史又迎来了第二个文化高峰时期——文艺复兴。文艺复兴起源于意大利，繁盛于西欧各国，当时主要的社会思潮就是“人文主义”。我们即将要说的这位哲学大咖，在文艺复兴时期，为人类设计了一个美好的“乌托邦”，他就是英国的托马斯·莫尔。

托马斯·莫尔（1478—1535）出生在英国伦敦，父亲曾是皇家高等法院的法官，为人正直明达，对莫尔的要求极为严格。当时的欧洲，要进入上层社会必须要懂拉丁文，幼小的莫尔就被送入了伦敦圣安东尼学校。13岁时，父亲将他寄住在坎特布雷大主教莫顿的家中做少年侍卫。莫顿学识渊博、机智过人，对莫尔产生了有益的影响。1492年，莫尔进入牛津大学攻读古典文学，在这里他结识了一大批人文主义者，其中对他影响最深的是伊拉斯谟，使他成为坚定的人文主义者。

莫尔的父亲认为从事古典创作没有前途，逼迫莫尔改学法学，勤奋好学的莫尔很快就在法律方面有所建树。1504年，他被选为下议院议员，同年他因为抵制亨利七世索取巨额补助费而得罪了国王，被迫辞去公职，继而回到律师界并从事人文科学和自然科学的研究。1509年，亨利八世继位，莫尔重返政界，次年担任伦敦司法长官，后又陆续担任调查委员会委员、枢密院顾问官、副财务大臣、下议院议长、兰斯卡特公国的首相，1529年成为英国大法官，仅次于英王。

在国务活动中，莫尔坚持己见，英王对其不唯已用深感恼怒。1533年，莫尔写了两本替自己辩护和反驳异端的著作，将他推到了风口浪尖上，许多莫须有的罪名都被加到了他的头上。幸好他凭借自己的声望和辩才，保护了自己。不过，他在处理亨利八世与宫女安妮·博林的问题上，不愿违背自己的信念，并拒绝宣誓承认亨利八世迫使议院通过的《至尊法案》，因此被关进伦敦塔，于1935年7月7日以“叛国罪”被送上了断头台。在刑场上，莫尔镇定自若，视死如归，在临刑前，他还幽默地对司狱长说：“请帮我上去，至于下来，我自己安排好了。”

莫尔的噩耗传来，伊拉斯莫为此而深感悲痛，他说：“他的灵魂之纯洁胜过白雪，在英国从来没有过像他这样的天才，而且将来也不可能再有。”这位伟大的空想社会主义者就这样走了固然可悲，但庆幸的是，他的名字随着他的思想和巨著，名垂史册。

《乌托邦》

《乌托邦》是莫尔的不朽之作，其全名是《关于最完美的国家制度和乌托邦新岛的既有益又有趣的金书》，创作于1515—1516年出使欧洲期间，全书用拉丁文写成。在书中，他借助一个虚构的航海家在一个理想的国家乌托邦的所见所闻，表达了自己对现实的思想和对未来的设想。

“乌托邦”是南半球的一个岛国，那里的社会基础是财产公有制，人们在经济、政治上都是平等的。公民们没有私有财产，都是按需分配，他们穿着统一的公民装，在公用的餐厅吃饭，每个人都要轮流去农村劳作，每天工作六小时即可，其余时间可以继续娱乐文化活动。在乌托邦，官吏的职位不得世袭，全部由秘密投票选举产生，市场上没有货币关系，金银都用来制造便桶溺器。同时，乌托邦人奉行一夫一妻制，公民们可自由选择宗教信仰。

莫尔描绘出理想的乌托邦画面，其实是为了反讽欧洲的君主专制制度，揭露了当时英国社会的种种弊端和人民的悲惨处境，抨击了“圈地运动”引发的“羊吃人”的现象。他尖锐地写道：“你们的绵羊本来是那么驯服，吃一点点就满足，现在据说变成很贪婪很凶蛮，甚至要把人吃掉……”他明确地指出：私有制是万物之源，私有制让一切最好的东西都落到了最坏的人手中，让其余的人穷困不堪。他认为，只有完全废除私有制，才能实现财富平均分配，人类才可能有福利。

莫尔在社会主义上第一次提出了消灭私有制，建立公有制的问题，可惜当时的他还不能够理解资本主义的历史地位，也不能明确指出实现理想制度的真正途径。所以，他的理想社会只是一个美好的空想而已。

★ 智者宁可防病于未然，不可治病于已发；宁可勉励克服痛苦，免得为了痛苦而追求慰藉。

★ 凡是解释越简单的法律，也就是越公正的法律。

★ 自由的代价的确很高。然而，即使是最低级的努力，如果他肯付出代价，也能享有自由。

★ 许多人对待机会，一如孩童在海滩那样：他们让小手握满了沙子，然后让沙粒掉下，一粒接一粒，直到全部落光。

Lesson 23 弗朗西斯·培根 知识就是力量

瑕不掩瑜的哲学家

提起“知识就是力量”这句名言，多数人都不陌生，第一个提出这个响亮口号的人，就是培根。

弗朗西斯·培根（1561—1626）出生在伦敦的一个官宦世家，父亲尼古拉·培根是女王的掌玺大臣，思想进步；母亲是精通希腊文和拉丁文的才女，信仰加尔文教。良好的家庭环境使得培根在各方面都有出色的表现。

12岁时，培根被送入剑桥大学三一学院深造，这期间，他对传统观念和信仰产生了怀疑，开始独立思考社会与人生。三年后，培根作为英国大使旅居法国巴黎，在那里他接触了许多新鲜事物，汲取了新的思想，世界观也潜移默化地受到了影响。1579年，父亲病逝，培根返回伦敦，进入格雷法学院就读。21岁那年，培根取得了律师资格，此时的他思想已经比较成熟，决心对脱离实际和自然的知识进行改革，将经验与实践引入认识论。

1584年，培根当选为国会议员；1589年，成为法院出缺后的书记，然而这一职位竟长达20年之久没有出现空缺。他四处奔波，却始终没有得到任何职位。1602年，伊丽莎白去世，詹姆士一世继位，因培根曾力主苏格兰与英格兰合并，詹姆士对其大加赞赏，培根因此平步青云，随即被封为爵士。1604年，培根被任命为詹姆士的顾问；1607年被任命为副检察长；1613年被委任为首席检察官；1616年被任命为枢密院顾问；1617年提升为掌玺大臣；1618年晋升为英格兰的大陆官，授封为维鲁兰男爵，1621年又授封为奥尔本斯子爵。

不过，政治并非培根的志向所在，他对探求科学真理更感兴趣。这一时期，培根出版了多部著作，在学术研究上取得了巨大的成果。1621年，培根被国会指控贪污，处以罚金四万镑，监禁于伦敦塔内，终生不得参政。尽管后来罚金和监禁都被豁免，但培根却因此身败名裂。此后，培根彻底远离政事，专心从事理论著述。

1626年3月底，培根坐车途径伦敦北郊，当时他正在研究冷热理论及其实际应用的问题。路过一片雪地时，他突然想做个试验，于是就杀了一只鸡，在鸡肚子里填满了雪，试图观察冷冻对于防腐的作用。可惜，他身体孱弱，没能禁得住风寒，支气管炎复发，病情恶化，于1626年4月9日清晨病逝。

培根一生中的绝大部分时间和精力都用在了政治生涯上，但他对后世影响最大的却是他的哲学思想。尽管他在晚年留下了一些污点，但是瑕不掩瑜，他的学术成就至今依然令人敬仰。

四假象说

培根是新贵族的思想代表，他继承了古代唯物主义的传统，反对君权神授和君权无限，坚持要清除中世纪经院哲学给人们造成的错误认识和偏见，给认识和科学扫清道路。他认为，在旧的思维方式中，人们常常陷入四种假象中。

其一，族类假象。人们习惯用感官或心灵作为认识世界的尺度，而不是依据宇宙本身的标准作为尺度。这样一来，人对世界的认识就像是用一面凹凸不平的镜子照世界，镜子不平，镜中的映像也不准确。

其二，洞穴假象。人人都有挣不脱的洞穴，因为每个人都会因主观或客观原因无法了解世间的一切，因而在观察事物时，往往会把自己的偏好、个性融入其中，扭曲事物的真相。

其三，市场假象。人在交流中，不管是口头语言还是书面语言，都可能因为语言或文字的不准确而将人引入认识的歧途。

其四，剧场假象。人们盲目地崇拜权威，迷信传统的哲学体系，进而造成了错误思想和偏见。

知识就是力量

中世纪时期，神学和经院哲学占主导地位，提倡神性高于人性，宣扬自然界和人都是上帝有目的地创造和安排的。针对这种信仰主义、蒙昧主义，培根予以了抨击和驳斥，他强调人的地位和作用。

在人与自然的关系上，培根认为“人是自然界的臣相和解释者”，人应当尊重自然，服从自然，但不能消极地接受自然摆布，而是要靠自己的力量去认识和利用自然。

那么，人们要依靠什么样的力量去认识和利用自然呢？

培根提出了一句响亮的口号——知识就是力量。他认为，知识是开启自然秘密的钥匙，人的知识素质决定了人类的文明程度。他把知识视为一盏灯火，可以照亮隐藏在世界深处的一切秘密，人类如果没有知识，就会永远愚昧。接着，培根又对知识进行了分类：

第一类，自然的知识，对应着自然科学。

第二类，上帝的知识，对应着神学。

第三类，人的知识，对应着人类科学。

之所以把人的科学放在最后，是因为他认为人的科学是最高的科学，科学研究、学习知识的目的，都是为了使人得到幸福。在他看来，人可以通过信仰宗教拯救自己的灵魂，也可以通过科学知识利用自然为自己谋利。

培根有一本未完成的著作《新大西岛》，里面表露了科学可使人驾驭自然的思想。在书中，他设计了一个理想社会，那里拥有众多的科研机构和科研人才，人们借助知识的力量，实现了幸福的生活。在他看来，人类是可以通过学习知识来实现那种理想社会的境地的。

《新工具》与归纳法

《新工具》是培根关于科学方法论的重要著作，其书名是针对亚里士多德的《工具篇》而起的，他批评了亚里士多德的逻辑学说和三段论方法，认为《新工具》是对《工具篇》的修正补充，是促进科学研究的正确方法。

培根在《新工具》中提到，认识自然不能靠演绎法，而是要靠归纳法。演绎一开始就是从抽象的原理出发，无论它的演绎过程多么精巧，都无法使人理解自然。归纳法则不同，它一开始就要从感官和特殊的东西出发，从中引出一些普遍的原理。相比之下，后者更为科学可靠。

如何才能从个别的东西引发出普遍的原理呢？培根提出了他的哲学方法——经验归纳法。经验归纳法分为三个步骤。

第一步，收集材料。培根认为，他的归纳法不同于简单的枚举归纳法，他甚至认为后者是极其幼稚的，结论不稳固，一旦碰到与之矛盾的例证就会被驳倒。

因此，必须准备一部充足的、完善的、自然的和实验的历史材料，这是全部工作的基础。

第二步，运用“三表法”整理材料。培根提出了三种例证表：

1.具有表，把具有所要考察的某种性质的一些例证列在一起。

2.接近中的缺乏表，在此列举与上表中的例证情形近似但却没有出现所要考察的某种性质的一些例证。

3.程度表或比较表，列举出不同程度出现的所要考察的某些性质的一些例证。

第三步，真正的归纳。对于真正的归纳，培根又分为三个小步骤：

1.排除法，排除和拒绝这样的一些性质。

2.根据三表所列举的事例，做一次正面地解释自然的尝试，通过排除后得出正面结论。

3.纠正解释偏差的几种帮助，如“归纳法的改正”“依照题目性质改变研究方法”等等，以求校正上述程序中的失误，求得准确的结论。

培根的归纳法强调了“没有调查，就没有发言权”这一精神，他的《新工具》是经验主义、形而上学和唯物主义的理论温床，对后世哲学起到了推动性的作用。

相形见小

有一次，伊丽莎白女王巡行到培根的府邸。女王长期生活在宫廷大院里，平时接触的也多是达官贵人，看惯了奢侈华贵的住宅，当她看到简朴的大法官的宅第时，不禁惊叹：“你的住宅也太小了啊！”培根站在女王的身边，仔细端详了自己的房舍后，耸了耸肩，说道：“陛下，我的住宅其实还不错，只不过是您抬举我，光临寒舍，让它显得小了。”

★ 如果不保持一定程度的陌生感，就不会有出类拔萃的美。

★ 对上帝的造物和工作的沉思产生了知识；但涉及上帝本身时，却没有完满的知识，只有知识破灭后的惊异。

★ 凡过于把幸运之事归功于自己的聪明和智谋的人多半是结局很不幸的。

★ 读书在于打造完全的人格。

★ 只见汪洋时就以为没有陆地的人，不过是拙劣的探索者。

★ 顺境中的好运，为人们所希冀；逆境中的好运，则为人所惊奇。

★ 知识是一种快乐；而好奇则是知识的萌芽。

★ 除了恐惧本身之外没什么好害怕的。

Lesson 24 托马斯·霍布斯 以国家为利维坦

出色的政治哲学家

17世纪英国爆发了资产阶级革命，人类社会开启了新的篇章。在那个风起云涌的时代，有一位思想家，借用《圣经》中的“利维坦”，表示了自己对国家的认识。这位思想家，就是托马斯·霍布斯。

霍布斯（1588—1679）出生在英格兰威尔特郡的马姆斯伯里，父亲是邻近教区的一位牧师，他自幼跟随伯父生活。霍布斯4岁开始在马姆斯伯里教堂接受教育，后进入私人学校就读，他天资聪颖，15岁就进入了牛津大学攻读古典哲学和经院派逻辑，毕业后留校任教。

1636年，霍布斯前往俄罗斯旅行，在巴黎加入了哲学辩论团体，1637年起他开始自称哲学家和学者，并回到英国，写下了不少著作。1640年，英国内战爆发，霍布斯担心自己的著作会招致政治迫害，就逃往巴黎。之后的11年里，他都没有再回英国。

在许多流亡的英国保皇派同乡的影响下，霍布斯决定撰写一本书来阐述政府的重要性，以及政治混乱所造成的战争，书名叫作《利维坦》。此书一出版，就引起了轰动，霍布斯的名声也超过了当时其他的思想家。但这本书的问世，使得他与逃亡的保皇派关系决裂，不得不向革命派的英国政府求助。1651年，霍布斯逃回了英国，在福特港过着隐居的生活。

1660年，英国王政复辟。1666年，英国下议院通过了一项法案，对无神论者和“不敬神者”极为不利，霍布斯的《利维坦》被视为无神论和亵渎的代表作，因担心被列为异教徒，霍布斯烧掉了许多对自己不利的文稿。所幸，有国王的保护，霍布斯并未受到迫害，但他被禁止在英国发表任何有关人类行为的著作。他的许多著作，都是直到他去世后才得以出版。

1679年，霍布斯患上了膀胱疾病，后因中风发作而离世，享年92岁。

《利维坦》

英国内战进行时，霍布斯撰写了《利维坦》一书，全名为《利维坦，或教会国家和市民国家的实质、形式和权力》。“利维坦”本是圣经中描绘的一条巨鳄状的怪兽，拥有坚硬的鳞甲、锋利的牙齿，口鼻喷火，腹有尖刺，在西方的传统中，利维坦是恶魔的代名词。书中，霍布斯用“利维坦”一词来比喻强势的国家，阐述了国家学说，探讨了社会结构。

在第一部分《论人》中，霍布斯表明了他的唯物主义自然观和一般的哲学观点，认为宇宙是由物质的微粒构成，物体是独立的客观存在，物质永恒存在，既不是人创造的，也不是人可消灭的，一切事物都处于运动状态中。

在第二部分《论回家》中，霍布斯陈述了他对社会基础与政治合法性的观点。霍布斯指出社会是一群人服从于一个人的威权之下，而每个个人将刚刚好的自然权力交付给这威权，让它来维持内部的和平、并抵抗外来的敌人。这个主权，无论是君主制、贵族制或民主制，都必须是一个“利维坦”，一个绝对的威权。在霍布斯看来，法律的作用就是要确保契约的执行。

在第三部分《论基督教国家》中，霍布斯否定了自成一统的教诲，抨击教皇掌有超越世俗政权的大权。

在第四部分《论黑暗的王国》中，霍布斯把矛头指向了罗马教会，揭发了罗马教会的腐败黑暗、剥削贪婪等种种劣迹，使神的圣洁、教会的威严，黯然失色。

霍布斯的《利维坦》中多数篇幅都在证明，强大的中央权威才能避免邪恶的混乱和内战，任何对此权威的滥用都会破坏和平，他否定了权力分立的思想，宣称他愿意服从主权的命令改变信仰。不可否认，霍布斯对西方思想史有着重要的影响，他系统地用社会契约论解释了国家的产生及基础，批判了君权神授论，确立了近代资产阶级国家学说的基本形态。不过，霍布斯的思想也有明显的局限性，他试图用君主制来维护资产阶级的利益。从现实上来讲，资本主义的发展不能依靠专制政权，所以他的主张最终遭到了后起的资产阶级思想家的摒弃。

★ 赞许的人称个人意见为见解，忌讳的人则称之为异端邪说。

★ 幸福是一个不断渴望的过程，从一个目标到另一个目标；达到前者就开辟了通向后者的道路。

★ 不带剑的契约不过是一纸空文，它毫无力量去保障一个人的安全。

★ 财富、知识、荣耀，不过是权力的几种类型。

★ 享受反对他人的自由时，也必须愿意让他人反对他。

★ 一个人的价值，就像所有东西一样，是它的价格。

Lesson 25 勒内·笛卡尔 我思故我在

近代哲学之父

他是法国著名的哲学家、数学家、物理学家，因几何坐标体系公式化被认为是解析几何之父；他是二元论唯心主义的代表，留下名言“我思故我在”；他是近代资产阶级哲学的奠基人之一，黑格尔称他为“近代哲学之父”。这个享誉欧洲哲学界和科学界的巨匠，就是勒内·笛卡尔。

笛卡尔（1596—1650）出生在法国的一个贵族家庭，父亲是布列塔尼议会的议员，也是地方法院的法官。1岁多时，笛卡尔的母亲因肺结核去世，他也受到传染，从此体弱多病。因家境富裕，笛卡尔受到了良好的教育，并能追求自己的兴趣，这样的生长环境让他养成了终生沉思的习惯和孤僻的性格。

父亲希望笛卡尔成为一名神学家，在他8岁时就送他到欧洲最有名的贵族学校。在该校的八年里，笛卡尔接受了传统的文化教育，但他对所学的东西并不太满意，在他看来，教科书里的那些微妙的论证，似乎都是模棱两可甚至前后矛盾的。

1616年，笛卡尔按照父亲的意愿进入普瓦捷大学学习法律和医学，毕业后他游历欧洲各地，了解大千世界，还参与了在德国境内发生的新教徒与天主教徒间的战争。后来，因担心自己在法国进行研究和著述比较危险，他迁居到荷兰，在那里隐居了20年。在荷兰，教会顽固势力依然对笛卡尔充满敌视，有的大学禁止讲解他的学说。1649年，他应瑞典女王的邀请赴宫廷讲学，因不适应北方的寒冷天气而患病，1650年2月11日在斯德哥尔摩去世。

笛卡尔在科学上的贡献是多方面的，他创立了解析几何，为后来一大批数学家的新发现开辟了道路。但他的哲学思想和方法论，在其一生中则占据了更重要的地位，且他的哲学思想对后世影响极大，被广泛认为是西方现代哲学的奠基人。

方法论与认识论

历来的哲学革命大都与方法论的创新有关，笛卡尔也不例外。笛卡尔的哲学源自一个大胆的构想，他说："每一个人在一生之中，至少要有一次，要去怀疑所有能被怀疑之物。"为此，他提出了自己的四条方法论原则：

第一条："绝不承认任何事物为真，除非我明明白白知道它为真。"他的意思是说，要小心谨慎，避免仓促的判断和偏见。

第二条："将我所要检查的每一难题，尽可能分解成许多细小部分，使我能顺利解决这些难题。"换言之，即把复杂的知识简化为最初的命题。

第三条："依照次序引导我的思想，由最简单、最容易认识的对象开始，一步步上升，如登台阶，直到最复杂的知识。"

第四条："处处做周全的核算与普遍的检查，直到足以保证没有遗漏任何一例为止。"

在上述的四条方法论中，笛卡尔先确立了普遍怀疑的出发点、理性的劝慰和衡量真理的标准，他要求对一切知识采取怀疑的态度，只接受那些被理性明确地认识为真的东西，并确定了真理的标准，那就是清楚明白、无可置疑。这四条方法论是追求一切知识共用的方法，因为它们是理性的规则。至此，笛卡尔与经院哲学分道扬镳，开辟了另一条爱智之路。

我思故我在

笛卡尔认为世上一切知识都是不确定的、令人怀疑的，他要求接受一项事实之前必须要达到清晰、明确的理解程度。他的方法是怀疑一切，但有一件事情却是毋庸置疑的，那就是“我在怀疑”，简言之就是“我思故我在”，即“我思想因而我存在”。

“我思故我在”包含着两部分的内容：“我思”和“我在”。

“我思”中的“我”，并非指我的肉体，而是我的思想，包括怀疑、意愿、情感、想象以及直接意识到的任何精神活力，是指一个思想的主体。对此，笛卡尔解释说：“我只是一个思想的东西，也就是说，我只是一个心灵、一个理智或一个理性。”当我的身体不完全时，我依然可以思考，我的精神、灵魂和肉体是完全不同，完全分离开来的。“我思”中的“我”，超越形体。因为我可以在没有形体时做一些活动，但不管怎样也不能没有思想。思想是“我”的本质属性，“我”一旦停止思想，自身也就不存在了。

事实上，“我思故我在”的本意是“我思故我是”。“我思”是存在于头脑中的思维规定性，“我思”是“我在”的前提，只有真正把握了“我思”的内涵，才能真正地解开“我在”的谜。“我在”就是指“人的本质存在”，而非经验哲学家眼中的客观存在。笛卡尔要证明的是，人的本质或本性就是人的头脑中先天存在着的某些思维规定，“我存在着先天的认识形式，才决定我的本质存在”。

笛卡尔继承了西方哲学史本体论的思想，并在其中加入了“我思故我在”的命题，开启了近代哲学唯理论的先河。他把思维和肉体分开来考虑的思想，是身心二元论体系建立的基础，也是第一次在近代哲学意义上划分了思维与存在。

著名的“心形线”

《数学的故事》里，讲了一桩有关笛卡尔的爱情传说。

欧洲大陆爆发黑死病的时候，笛卡尔流浪到了瑞典，在那里他认识了18岁的小公主克里斯蒂娜，并成了她的数学老师。两个人相处得很融洽，日久生情。国王知道了之后，勃然大怒，下令要处死笛卡尔，心急如焚的小公主连忙求情。尽管笛卡尔保住了性命，但他却不能继续留在瑞典，必须回到法国，小公主也被国王软禁起来。

回到法国后不久，笛卡尔就染上了黑死病，他思念小公主，便日日给她写信。可惜，那些信都被国王拦截了下来，克里斯蒂娜一封信也没看到。结果，笛卡尔在给小公主写完第十三封信后气绝身亡，而这第十三封信的内容只有一个短小的公式：$r=a(1-\sin\theta)$。国王看不懂，觉得笛卡尔与小公主之间也不总是说情话的，就把这封信交给了小公主。

郁郁寡欢的小公主看到了这封信后，立刻就明白了笛卡尔的意思。她按照笛卡尔的方程画出图形，看到图形，她开心地笑了。她知道，笛卡尔仍然爱着自己。因为，方程的图形是一颗心。这就是著名的“心形线”。

国王去世后，克里斯蒂娜登基，她派人四处寻找笛卡尔，无奈斯人已故，徒留她孤零零地在人间。据说，这封另类的情书至今还保存在笛卡尔的纪念馆里。

当然，故事只是故事。在历史上，笛卡尔与克里斯蒂娜确实有过交情，但笛卡尔是应克里斯蒂娜的邀请才来到瑞典，而当时的克里斯蒂娜已经成了瑞典女王。他们之间谈论的内容不是数学，而是哲学，有资料记载，笛卡尔只能在早晨五点与女王探讨哲学，因为其他时间克里斯蒂娜都安排得很满。同时，笛卡尔的死因不是黑死病，而是天气寒冷感染风寒，外加劳累患了肺炎。

求知永无止境

笛卡尔曾经说过，知识越是渊博，越是深感自己知识的不足。

很多人对他的想法表示不解："您的知识这么渊博，为什么还会有这样的感觉呢？"

笛卡尔回答说："哲学家芝诺用圆圈来表示知识的范围，圆圈里是已知的知识，圆圈外是未知的知识，知识的范围越多，圆圈越大，圆周也越长，圆圈的边沿与外界空白的接触面就越大。这样一来，未知的部分也就更多了。"

★ 愈领悟，愈发现自我的无知。

★ 不要追求或欲求自己能力范围以外的东西。

★ 只有一件事是我们无法怀疑的，那就是：我们正在"怀疑"这件事的"怀疑本身"。

★ 读一本好书，就是与许多高尚的人谈话。

★ 意志、悟性、想象力以及感觉上的一切作用，全由思维而来。

★ 最有价值的知识是关于方法的知识。

★ 一个国家最大的财富，乃在于拥有真正的哲学。

★ 尽力知道整个人生中，什么是该做的，什么是不该做的。

Lesson 26 巴鲁赫·斯宾诺莎 一切都在神之内

不附权贵的道德典范

德国诗人海涅说："所有我们现代的哲学家也许常不自觉地用斯宾诺莎所磨制的眼睛在看世界。"17世纪的西方，王权在资产阶级革命思潮的阴霾下寝食难安，宗教的变异撕裂了欧洲。在这样的时代里生存，人人都在惶恐地选择，在选择中茫然。然而，有一位被世俗和传统驱逐的犹太人，日复一日地低头磨制着光学镜片，以隐忍和沉默在纷扰的尘世中凝结成了一种高贵的姿态，对抗着外界的喧闹。最后，粉尘侵蚀了他的肺，瓦解了他的存在，但时间升华了他的高贵，哲学的历史也因他的存在不再那么浮躁。这个犹太人就是巴鲁赫·斯宾诺莎。

斯宾诺莎（1632—1677）是西方近代哲学史上一位重要的哲学家，坚定的理性主义者。他出生在阿姆斯特丹的一个犹太人家庭，祖辈曾居住在西班牙，因西班牙政府与天主教教会迫害犹太人及其宗教，后逃亡到荷兰。他的祖父曾是一位颇受人尊敬的犹太商人，并在阿姆斯特丹犹太人公会担任要职，父亲继承其父的事业，在阿姆斯特丹经营进出口贸易，担任犹太人公会会长及犹太教会学校校长。

因家境宽裕，斯宾诺莎年少时就进入犹太神学院，毕业后进入教堂做了一名令人羡慕的神职人员。原本，他有着美好的前途，可因为他太过关怀犹太民族的生存和发展，加之受到笛卡尔理性学说的影响，他对犹太教信仰产生了怀疑，在24岁时被逐出了教堂，开始了颠沛流离的生活。

搬离犹太人居住区后，斯宾诺莎以磨镜片为生，贫困的生活并未让他放弃哲学思考。1670年，斯宾诺莎移居海牙，此后一直隐居。其实，他完全有机会改变自己的生活状态——曾经普鲁士国王以高薪聘请他到海德堡大学任教，但他考虑到自己的思想在德国大学会受到限制，没有言论自由，就放弃了。法国国王路易十四附庸风雅，一度对斯宾诺莎十分崇拜，说他要是能在日后的每本著作上都写一句“献给法王路易十四”，定会给他丰厚的报酬。然而，斯宾诺莎不是攀权附贵、贪图物质的人，他断然拒绝了法王的要求。他宁肯受苦也不愿向权贵低头，可谓是道德上的典范。

黑格尔曾说：“要达到斯宾诺莎的哲学成就是不容易的，要达到斯宾诺莎的人格是不可能的。”斯宾诺莎在面对同代人的敌视和仇恨时，依然忠于自我，追求真理。在经历了多年肺结核病的折磨后，年仅44岁的斯诺宾莎与世长辞，结束了他平淡却不平凡的一生。

方法论：三种知识

斯宾诺莎哲学的根本目的，在于探究获得对事物的“真知识”的方法和途径，使得人们正确认识自然的必然性，获得与自然相一致的知识。斯宾诺莎把知识分为三种：感性知识、理性知识和直观知识。

感性知识，是最低等的知识，斯宾诺莎称之为“意见”。这种知识可能是听来的，也可能是泛泛的经验得来的，都没有“确定性”，不能使人认识事物的本质，不算科学的真知识。

理性知识，是经由推理得来的，比如太阳比我们所看见的大。这种知识能够科学地洞察事物之间的关系和规律，但无法说明为什么会如此。所以，它是不完善的知识。

直观知识，是既不借助感性经验，也不运用理性推理，直接凭借“人的固有的能力和本性”把握事物的本质。斯宾诺莎将其称之为最高级的知识，能够完满、确定地认识一个对象的知识。

通过对知识种类的划分，斯宾诺莎得出：第一种知识是产生谬误的唯一原因，后两者是必然的和真实的，因而是“真知识”；借助后两者，我们可以辨别真理与谬误。

在方法论上，斯宾诺莎与笛卡尔一样，坚持唯理论，推崇几何学方法。他认为，只有像几何学那样，凭借理性的能力从最初几个“不证自明的定义和公理推论出来的知识才是可靠的知识”。同时，他还认为“凡是由心灵中本身正确的观念推演出来的观念也是正确的”。此外，斯宾诺莎主张：以真观念为基础，运用几何学的方法就可推演出其他科学知识。他认为，自然事物、自然规律是可以认识的，人们能够获得关于自然的真理性的认识。

一元论：神即自然

斯宾诺莎的哲学与笛卡尔的哲学有相同之处，但他并不认同笛卡尔的二元论。

笛卡尔承认两种实体，即物质实体和精神实体，并将它们分裂开来。斯宾诺莎则认为，宇宙间只有一种实体，那就是作为整体的宇宙本身，而上帝和宇宙就是一回事。斯宾诺莎在其著作中，屡次将实体称之为“神”（“上帝”）或“自然界”，他说：“除了神以外，不能有任何实体，也不能设想任何实体。”“自然的力量与上帝的力量是一回事。”他还认为，人的智慧是上帝智慧的组成部分，上帝是每件事的“内在因”，他通过自然法则来主宰整个世界。

同时，斯宾诺莎宣称，在这个世界上，只有上帝是拥有完全自由的，人类虽然可以试图摆脱外在的束缚，但永远无法获得自由意志。一个人只要受外在的影响，就是处于奴役状态，而只要跟上帝达成一致，就可以获得相对的自由，并摆脱恐惧。如果我们能够将事情看作必然的，那我们就很容易跟上帝合为一体。他说：“自由人最少想到死，他的智慧不是关于死的默念，而是对于生的沉思。”他奉行了这句格言，在面对死亡时十分平静。

斯宾诺莎否认了站在自然界之外并创造自然界的上帝，而是把上帝和自然界等同起来，这是他哲学体系的基本论点，同时也表明了他的世界观是唯物主义的。不过，他并未从自己的世界观里彻底排除神的概念，在宣传唯物主义思想的时候，依然带有泛神论的色彩。所以，他是一个泛神论者。

伦理观：由理性通向自由

哲学的目的是求得至善和幸福，那么人最高的幸福是什么呢?

斯宾诺莎说：“世界上因为富有资财而遭受祸害以致丧生的例子很多，世界上忍受最难堪的痛苦以图追逐浮名而保全声誉的例子也不少，至于因过分放纵肉欲而加速死亡的人更是不可胜数。”在他看来，外在的名利财富都不是人的最高幸福，反而还会给人带来痛苦，所以他主张放弃迷乱心智的荣誉、财富和肉欲，去寻求“真正的善”，即认识自然，提高科学和文化水平，以获得“人的心灵与整个自然相一致的认识”。

如何来实现这一点呢?

斯宾诺莎认为:首先,要寻求一种医治理智和纯化理智的方法,使理智可以正确圆满地认识事物;其次,要建立适当的社会秩序,使多数人易于达成这个目的,所以他认可当时盛行的社会契约论。在他看来:"每个人把他的权利全部交给国家,国家就有统御一切事物的天然之权。国家有唯一绝对统治之权,每个人必须服从,否则就要受到惩罚,这样的政体就是一个民主政体,这也是最自然、与个人自由最相合的政体。"

借助国家的存在来促使每个公民克服自己的情感欲望,避免不合理的欲求,使人受理性的控制,以理性为指导去获得自由,才能够获得幸福。他的思想格局令人感到惊艳,到17世纪末,法国的贝勒在《历史批判辞典》中,肯定斯宾诺莎的哲学是一个无神论体系,此后斯宾诺莎的哲学开始逐渐受到重视,影响了18世纪法国的战斗无神论者。马克思把斯宾诺莎坚持从世界本身说明世界称为近代哲学的最高荣誉,并把他视为17世纪辩证法的卓越代表之一。

时时刻刻保持着理性

斯宾诺莎是一个非常理性的人。

曾经,一位极有声望和地位的高官来看望斯宾诺莎,见其穿着一身破破烂烂的睡袍,大为惊叹。当时,对方提出要送给他一件新睡袍,希望他能穿得舒服些、体面些。然而,斯宾诺莎平静地拒绝了,他说:"一个人并不会因为有了一件好的睡袍而变得更有价值;同样,给一钱不值的东西加个昂贵的包装是极不合理的。"

透过此事,足以见得斯宾诺莎活得真实、坦荡,不借助外物去提升自己,这样的境界并非人人都能够达到的。

还有一次，斯宾诺莎的一位学生皈依了天主教，他写信质问自己的老师："你以为你终于发现了真正的哲学，可你怎么知道你的哲学是过去、现在、将来世界上所有哲学中最好的呢？……你是否已经研究过了，这里、印度及世界各地全部古代和现代哲学呢？就算你把它们都看了一遍，你又怎么知道你选择的是最好的呢？"

面对学生尖锐的提问，斯宾诺莎并不生气，他在给学生的信中回道："你以为你终于发现了最好的宗教……你怎么知道它是过去、现在、将来所有宗教中最好的呢？……就算你已经把它们都很好地看了一遍，你又怎么知道你选择的是最好的呢？"

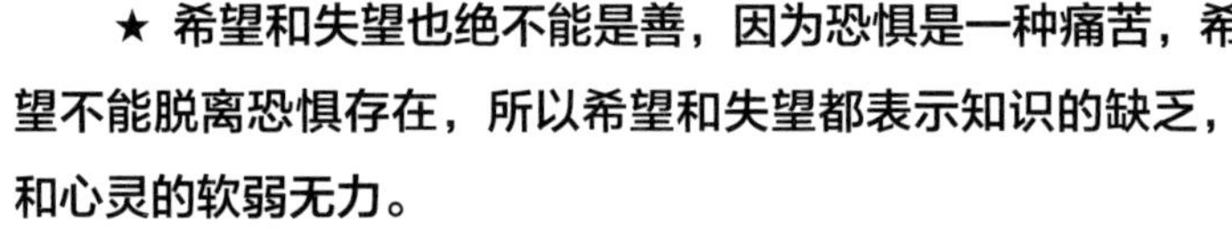

★ 希望和失望也绝不能是善，因为恐惧是一种痛苦，希望不能脱离恐惧存在，所以希望和失望都表示知识的缺乏，和心灵的软弱无力。

★ 如果你希望现在与过去不同，请研究过去。

★ 自由人最少想到死，他的智慧不是关于死的默念，而是对于生的沉思。

★ 害羞是畏惧或害怕羞辱的情绪，这种情绪可以阻止人不去做某些卑鄙的行为。

★ 最大的骄傲与最大的自卑都表示心灵的最软弱无力。

★ 我们对于情感的理解愈多，则我们愈能控制情感，而心灵感受情感的痛苦也愈少。

★ 自由就是按照一个东西的本性去行动。

★ 如果人们认为自己是自由的，那么他们受骗了。

★ 对滥用荣誉和世人的虚荣抱怨得最响的，正是那些最渴望得到荣誉的人们。

Lesson 27

戈特弗里德·威廉·莱布尼兹 先定的和谐

智慧与流俗并存的人

戈特弗里德·威廉·莱布尼兹（1646—1716）可谓是一个千古绝伦的大智者，其研究的领域除哲学和数学外还涉及法学、力学、光学、语言学等40多个范畴。他出生在德国东部的莱比锡，父亲是道德哲学教授，母亲生于书香门第，在这样的家庭环境中，耳濡目染的莱布尼兹从小就表现出了惊人的天赋。

6岁时，莱布尼兹的父亲去世，给他留下了丰富的藏书。从那时起，莱布尼兹就开始接触古希腊罗马文化，并阅读了大量知名学者的著作；8岁时，莱布尼兹进入尼古拉学校接受正统教育；15岁时，他进入莱比锡大学学习法律，17岁获得学士学位，18岁获得哲学硕士学位。然而，就在他刚刚拿到哲学硕士学位后一个月，母亲就去世了，从此莱布尼兹只身一人生活。

20岁时，莱布尼兹获得了阿尔特多夫大学的法学博士学位，之后加入了一个炼金术士团体，并因此结识了政界人物博因堡男爵约翰·克里斯蒂文，后被其推荐给迈因茨选帝侯，莱布尼兹从此登上了政治舞台，投身外交界。1672年，他作为外交官出使巴黎，试图游说法王放弃进攻，但未能见到法王。不过，在此期间，他受到了惠更斯的启发，决心钻研高等数学，还研究了笛卡尔、帕斯卡等人的著作，开始了创造性的工作。

迈因茨选帝侯去世后，莱布尼兹失去了职位和薪金，后离开巴黎，先后去了英国和荷兰。1677年，他抵达汉诺威，给布伦兹维克公爵做法律顾问。在工作之余，他研究哲学和其他科学，从事多方面的学术文化和社会政治活动。不久，他就成了宫廷议员，名声大噪，生活也富裕起来。1682年，他与门克创办了拉丁文科学杂志，并刊载了大量的数学、哲学文章，此时，他的哲学思想也开始走向成熟。

1679年，布伦兹维克公爵去世，其弟奥古斯特继位。奥古斯特为了实现自己出人头地的野心，建议莱布尼兹写一部关于他们家庭近代历史的著作。莱布尼兹接受了这项工作，此后开始广泛游历欧洲。待他再次回到汉诺威后，因撰写布伦兹维克家族史的功绩，成为枢密顾问官。

1700年，莱布尼兹建立了伯乐林科学院，出任首任院长。1713年，维也纳皇帝授予莱布尼兹帝国顾问之职，邀请他指导建立科学院。此后，他被维也纳、布伦兹维克、柏林、彼得堡等王室同时雇佣。就在他备受各个宫廷青睐时，他也开始走向悲惨的晚年。

1716年11月14日，因胆结石引起的腹绞痛卧床一周后，莱布尼兹孤独地离开了人世，享年70岁。他终生未娶，没有做过大学教授，极少进教堂，被称为“什么都不信的人”。他去世时，教士以此为借口，不予理睬，他曾经效力的宫廷也无人来吊唁。在去世前，陪伴他的只有他信任的医生和秘书。

莱布尼兹是一个科学天才，勤勉好学，可他却鲜少为人们所敬佩。因为，他缺乏斯宾诺莎身上那些崇高的哲学品德。即便是很精湛的思想，但若无法给他博来声望，就会被他束之高阁，他所发表的东西无非都是蓄意讨好王公贵族的，所以说，他既是一个智者，也是一个流俗之人。但抛却他的流俗不说，单看他在哲学上的贡献，还是值得一说的。

单子论

罗素在评价莱布尼兹时曾说："莱布尼兹的文笔枯涩，对德国哲学的影响是把它弄得迂腐而枯燥无味。他的弟子沃尔夫在康德以前一直称霸德国各大学。然而莱布尼茨毕竟还是个伟大人物。他是数理逻辑的先驱，他的哲学里的种种假说虽然离奇缥缈，但是非常清晰，能够严密地表述出来。"

莱布尼兹最著名的假说，就是他的单子论。他认为，宇宙的基本元素是单子，特殊的事物可以被一直划分下去，一直划分到一种不可分的基本元素为止，这种元素就是单子。单子是纯实体，没有部分，以此为基础，莱布尼兹推导出了单子的特性：

其一，没有广延性。任何有形的东西均可进行划分，因而必然有部分，没有部分的东西自然就没有广延性。广延是物质的属性，单子没有广延性，因此它不是物质实体，而是精神实体。

其二，不能以自然的方式产生或消灭。单子没有部分，也就不能被组合与分解，只能够以非自然的方式突然地产生或消失。所以说，单子是上帝从无到有创造的，最后归之于无。

其三，不受外部的影响。只有具备广延性的东西，才可能被划分出内外界限，单子没有部分，也就不存在供外物出入的窗口，无法接受其他实体的作用。各种单子之所以能够和谐地运行，是因为它们都被以同样的方式编制了程序，它们都是由上帝推动的，彼此间的关系是和谐的。

其四，表象程度的差别。莱布尼兹说，自然界没有两个完全一样的东西，就如花园里找不到两片完全相同的树叶。单子的不同之处在于其表象程度的差别，按照表象的清晰度可分为三个等级：最低级的单子只有细微的直觉；高一级的单子有动物的灵魂，除了细微知觉外还有记忆；最高的单子具有理性灵魂，只存在于人的自我意识中。

莱布尼兹的单子论，以上帝存在为基础，又用逻辑定律证明了上帝的存在。上帝按照充足理由律，从无数可能的世界中选择了这个世界，因上帝的意志是全善的，所以他选择的现实世界一定是一切可能世界中最好的结果。

既然我们所处的世界是最好的世界，为何现实中还会有邪恶呢？对此，莱布尼兹指出：受造物的不完美并非取决于上帝的选择，而是取决于受造物注定的本性；形体的恶或苦难，是常态现象，但是善仍多于恶；道德的恶是缺乏正当秩序，人应当自己负责。

牛顿与莱布尼兹之争

1655年夏天，英国爆发鼠疫，剑桥大学暂时停课。刚刚获得学士学位、准备留校任教的牛顿，为了躲避鼠疫搬到了母亲的农场。在农场的一年多里，他研究了三大运动定律、万有引力定律和光学。在研究这些问题的过程中，他发现了“流数术”的微积分，并于1666年写下了几篇有关流数术的短文，只是当时未能公开发表，只在一些英国科学家中流传。

第一个发表有关微积分研究论文的人，是莱布尼兹。他在1675年发现了微积分，直到1684年才正式发表自己对微分的发现，两年后又发表有关积分的研究。在瑞士人伯努利兄弟的推动下，莱布尼兹的方法很快疯传欧洲。到1696年，已经有微积分的教科书出现。

最初，并没有人提出微积分的发现权。直到1699年，一个移居英国的瑞士人为了讨好英国人，也为了报复他与莱布尼兹的个人恩怨，指责莱布尼兹的微积分是剽窃了牛顿的流数术。碍于此人没有什么威望，他的指责在遭到莱布尼兹的驳斥后，就没了下文。1704年，牛顿在光学著作的附录里，完整地发表了流数术，结果有匿名人士指出，牛顿剽窃了莱布尼兹的微积分。

至此，究竟是谁先发现了微积分这个问题，被推到了风口浪尖之上。此后很多年，众多学者一直在探讨这个问题。直至后来，有人在研究莱布尼兹的手稿时发现，莱布尼兹和牛顿是从不同的思路创建微积分的：牛顿是为了解决运动问题，先有导数概念，后有积分概念；莱布尼兹则恰恰相反，他受哲学思想的影响，先有积分概念，后有导数概念。牛顿是把微积分当成物理研究的数学工具，而莱布尼兹则意识到了微积分将会给数学带来一场革命。所以，现在的教科书通常把牛顿和莱布尼兹共同列为微积分的创建者。

实际上，如果这件事发生在当代，那么显而易见，莱布尼兹就是微积分的创建者，因为当代学术界反对对科学发现秘而不宣，遵循谁先发表谁就拥有发现权的原则。可惜，事情发现在几个世纪之前，牛顿与莱布尼兹之争，演变成了英国科学界与德国科学界的对抗，使得英国的数学研究停滞了一个多世纪，直到1820年才抛弃牛顿那套落后的微积分符号与过时的数学观念，承认其他国家的数学成就，重新加入国际主流。

没有两片完全相同的树叶

有一次，莱布尼兹受邀到宫廷里讲学，当他讲到“凡物莫不相异”“天地间从来没有彼此完全相同的东西”时，许多人都是半信半疑。为了驳倒这位哲学家的论断，有人发动宫女们到宫廷的园林里去找两片完全相同的树叶。结果，宫女们累弯了腰，也没找到两片大小、颜色、薄厚、形态等完全相同的树叶，大家不得不在哲学家面前折服。

★ 自然界没有跳跃。

★ 人的主动性来自清晰的知觉，被动性则来自含混的知觉。

★ 灵魂是不朽宇宙的一面镜子。

★ 这世界是一切可能有的世界中最好的一个。

★ 上帝为了最美好的事物得以实现而行动；人为了自己觉得最美好的事物而行动。

★ 想有创意并不难，避免愚笨却不易。

★ 启蒙你自己，且设法启蒙你自己的同胞，这样人类就有了幸福。

★ 为什么是有，而不是无呢?

Lesson 28 约翰·洛克 心灵是一块白板

启蒙时代的自由主义者

在英国艾塞克斯郡东部小镇的一个教堂牧区，一座墓碑上用拉丁文写着这样一段话：“身为一个学者，他以追求真相为他学习的唯一目标，你可以在他的著作里发现这点，任何有关他的事物都写在他的著作里了，也都比本墓志铭对他的赞美还要真实……”此墓志铭，是对约翰·洛克最真实、最贴切的评价。

约翰·洛克（1632—1704）是英国伟大的唯物主义哲学家、政治思想家、古典自然学派的代表人物，是启蒙时代最具影响力的思想家与自由主义者。他出生在萨默塞郡威灵顿的一个律师家庭，父母都是清教徒。英国资产阶级革命爆发时，洛克的父亲加入克伦威尔军队，使得家庭生活陷入困境。1647年，在父亲友人的资助下，洛克进入伦敦西敏中学，毕业后就读牛津大学基督教堂学院。尽管他的成绩很好，可大学的课程并不能满足他的兴趣，他发现当时的一些哲学家的著作比大学教授讲的古典教材有意思多了。后来，洛克开始向实验哲学和医学领域发展，并成为皇家学会院士。

1666年，洛克结识了沙夫茨伯里伯爵。当时，伯爵身染肝病，痛苦至极，在接受了洛克的悉心治疗后，伯爵十分感激，说服洛克做他的助手。1667年，洛克搬进了沙夫茨伯里伯爵在伦敦的住所，成为他的私人医生。沙夫茨伯里伯爵是辉格党的创立人之一，他对洛克的政治思想产生了巨大的影响，洛克也曾跟随伯爵一起参与过政治活动。在伯爵的鼓励下，洛克撰写了《政府论》一书，他提出的自然权利以及政府理论在当时是相当激进的。

1683年，因被怀疑刺杀查理二世国王，洛克逃亡到荷兰。在荷兰，洛克撰写了大量的著作，直至1688年才返回英国。在抵达英国不久后，他的《人类理解论》《政府论》《论宽容》相继出版。

从1691年开始，洛克一直住在密友玛莎姆女士的家中，且健康状况不断恶化。1704年10月28日，洛克去世。他经历了王朝复辟、伦敦大火、伦敦大瘟疫等许多历史事件，可惜未能在有生之年看到自己的理念被实践，但他对哲学和政治哲学界产生了巨大的影响，特别是自由主义的发展，现代的自由意志主义仍将洛克视为其理论的奠基人之一。

著名的“白板说”

在洛克生活的时代，天赋观念十分流行，这一理论认为人的知识并非起源于后天，把宗教和道德的基本原则神圣化，坚持唯心主义和信仰主义。很显然，这种理论不科学，与英国资本主义经济、政治发展不相适应。为此，洛克对这种观念展开了批判，并提出了著名的“白板说”。

洛克说：“我们可以假定人心如白纸似的，没有一切标记，没有一切观念。”在他看来，心灵本身或是儿童心理的原始状态根本没有任何东西，只是一个空无所有的能力的抽象；后来它上面逐渐有的东西，全都是经验后天在上面写知识。

洛克的“白板说”与亚里士多德的“蜡块说”有相似之处。亚里士多德把人心比作蜡块，认为它不是一无所有的空虚，在上面什么都没有，而是某种作为能产生观念的可能性，能转变为现实的潜能而存在的东西；它在认识中不是纯粹被动的承受物，而是本身就蕴涵着某种能动性的东西。

洛克在心灵白板的基础上，肯定和论述了观念起源于经验。他认为，经验可提供观念的两个来源，即感觉和反省。感觉是人的心灵通过外界事物的作用的感受，也称“外部经验”，大部分的观念都源于此；反省是心灵对于它自己的各种活动以及活动方式的那种注意，是人的心灵对于自己内心作用的感受，也称“内部经验”，包括知觉、思维、怀疑、信仰以及心灵的各种活动。

在洛克看来，一切经验都建立在这两种经验之上，他还把人的理智比喻成“黑暗之室”，把感觉和反省比喻成暗室中的“窗子”，认为只有它们才能够让“光明透进来”，把外界事物的可见的肖像或观念传达进来。

《教育漫话》

洛克强调心灵是一块白板，而观念是知识的唯一来源。为此，他十分注重教育，认为教育才是构成人素质最重要的部分，他说：“我想我会说在我们所遇到的人之中，其中有九成的人的好坏或是能力高低，都是取决于他们所受到的教育。”

同时，他还主张“在我们婴儿时期所接受到的任何琐碎印象，都会对我们以后有相当重大而持久的影响。”在他看来，一个人年轻时所形成的观念的联合，比后来形成的更为重要，因为它们是自我的根源，是第一个留在“白板”上的印象。在《人类理解论》中，他还举了一个例子：“我们不该让一个‘愚蠢的女仆’告诉小孩在晚上时会有‘小妖精和鬼怪’出没，否则‘夜晚便会永远和这些可怕的念头结合在一起，他从此再也摆脱不掉这些想法了’。”

洛克的联想理论对后来的联想心理学产生了巨大影响，同时对于教育理论也产生了极大的影响，几乎所有的教育家都会警告父母不该让小孩发展出负面的联想，他的教育理念已经成为当代家庭教育的主流和标尺。

生命、自由与财产

洛克认为，“财产”包括了拥有“生命、自由和财产”的权利。每个人都“拥有”他自己，因而每个人在自然状态下都是自由而平等的，必然拥有他劳动所得的产品。如果否认了这一点，就便等同于将他视为奴隶。因此，每个人都有权在自然赋予的资源上付出自己的劳动。比如，树上的苹果对所有人都没有用处，只有当某个人把它摘下来它才有可能被食用，因此，谁采摘了苹果，谁就成了苹果这一财产的所有者。

同时，洛克又提出了一个论点，他主张：我们必须允许苹果被采摘成为私人财产，否则大千世界的资源再怎么丰富，人类也会被饿死。一个人必须被允许进食，他有权利食用自己通过劳动得到的果实，也有权利拒绝别人食用他的果实。企图剥夺一个人的财产权，不仅仅意味着企图夺走他的东西，还意味着企图夺走他的自由和生命，意味着与他处于敌对的状态。

每个人都有权保护自己的财产免受侵害，也有义务克制自己不去伤害他人，除非是行使自卫权。因而，只要每个人都坚持不侵犯他人的基本原则，人人都可自由地追求自己的幸福。保护私有财产是为了维护生命与自由，所以，自由和财产就成了不可分割的统一价值体。

★ 把子弟的幸福奠定在德行与良好的教养上面，那才是唯一可靠的和保险的办法。

★ 教育上的错误比别的错误更不可轻犯。

★ 人心如白板。

★ 幸福，就其充分程度而言，就是我们能够领受的最大快乐。

★ 礼仪的目的与作用在于使得本来的顽梗变柔顺，使人们的气质变温和，使他尊重别人，和别人合得来。

★ 规则应该少定，一旦定下之后，便得严格遵守。

★ 对于任何不信上帝的人，所有的契约都是无效的。

Lesson 29 乔治·贝克莱 存在就是被感知

坚定的经验主义者

乔治·贝克莱（1685—1753）是爱尔兰哲学家，与洛克、休谟被誉为英国近代经验主义哲学家的三大代表人物。

贝克莱出生在爱尔兰基尔肯尼郡的一个乡村绅士家庭，自幼聪颖，少年早熟，11岁进入基尔肯尼大学，15岁考入都柏林三一学院，学习了哲学、数学、逻辑学和多种语言，19岁获得学士学位，22岁获得硕士学位，之后留校任教。

1710年，贝克莱出版了《人类知识原理》一书，名声大噪。他认为，此书对于某些思想表述得还不够完善，进而在1713年又出版了《海拉斯和斐洛诺斯的对话三篇》，至此他提出的主要的经验主义和主观唯心主义的阐述确立完毕。

之后，贝克莱去了英国，并加入英国基督教教会。1714—1720年，贝克莱游历欧洲各国，传播自己的理论和思想。1721年，爱尔兰神学家郑重邀请贝克莱，由此他也获得了神学博士的学位。随后，他留在都柏林三一学院任教。

1728年，贝克莱与爱尔兰大审判法官的女儿安妮·福特斯结婚，之后去了美洲。他在米德尔顿买了一处庄园，计划在百慕大建立一个“理想国”和一所大学，最终都因资金短缺而失败。1732年，贝克莱回到英国伦敦，致力于慈善事业，创办了“儿童之家”，收留无家可归的孩子。1734年，他被任命为英格兰某地区的执行主教，一直任职至去世。

存在就是被感知

洛克曾经在一篇论文中提到了一个问题：一个天生视力缺失的人后来突然得到了视力，他能不能凭借视力就判断出球体和立方体呢？洛克的回答是不能。贝克莱的观点与洛克一致，这个问题刺激了他对物质和感知进行深入的思考，并先后写出了《视觉新论》和《人类知识原理》，提出了他自己的哲学观点：存在即是被感知。

当我们作为婴孩来到这个世界上时，对万事万物并无概念，那我们如何来确定物体的存在呢？贝克莱认为，唯有通过感知来确定。距离的大小，可以通过移动来确定；体积的大小，可以通过触摸来确定，因而我们所知道的万物，无不是通过感知而知道的。为此，是否可以说：如果某种事物，不能被我们通过任何方式感知到，那么它便不存在呢？

这里所说的“存在”，就是贝克莱定义的存在。在他看来，既然观念的存在在于被感知，那就意味着，感觉事物的存在就在于被感知，因而一切事物的存在就在于被感知。因为“具有一个观念和感知一个观念完全是一回事”，“对象和感觉是一种东西”，所以，事物的存在就是被感知，也可以说，存在即被感知。

有一次，贝克莱与朋友在花园散步。朋友不小心踢在了一块石头上，随即就对贝克莱的“存在即是被感知”的观点提出了疑问：“我刚才没注意到这块石头，那么这块被我踢了一脚的石头到底存不存在呢？”贝克莱稍加思索后，说：“当你的脚感觉到疼了，石头就是存在的；如果你的脚没感觉到疼，石头当然就不存在。”

同时，贝克莱还认为，观念不能离开人的心智，世界上存在的只有能进行思考的心灵和不能进行思考、只存在于心灵之中的观念，我们所感知的只是观念，感知不到的观念，对于心灵来说就是不存在的，但是对于别的感知到它的心灵来说，这个观念就是存在的，因为所谓的“心灵”不仅仅指我的心灵，而是指所有的心灵，包括永恒不朽的心灵——上帝。上帝给予所有观念以感知，于是它们即使不为人所感知，也是存在的。比如，无人去过的山谷，开了一朵百合花，它存在吗？存在，因为它被上帝所感知。

贝克莱悖论

1734年，贝克莱以“渺小的哲学家”之名出版了一本书，目的在于攻击牛顿的理论。因为，在牛顿的理论中，无穷小量一会儿说是零，一会儿又说不是零。因此，贝克莱嘲笑无穷小量是“已死量的幽灵”。他的攻击显然是为了维护神学，却实实在在抓住了牛顿理论中的缺陷。

为此，数学史上将贝克莱的问题称之为“贝克莱悖论”。概括来说，贝克莱悖论可简述为：“无穷小量究竟是否为0”的问题：就无穷小量在当时实际应用而言，它必须既是0，又不是0。但从形式逻辑而言，这无疑是一个矛盾。这一问题在当时的数学界引起了一定的混乱，由此导致了第二次数学危机的产生。

谁是当代最杰出的哲学家

一天，有个学生在课堂上问贝克莱："老师，您认为谁是当代最杰出的哲学家？"

贝克莱迟疑片刻，略显为难地说："我是一个很谦逊的人，所以我很难说出这位哲学家的名字。可是，作为真理的追求者，我又不能不说真话。现在，你应该知道是谁了吧？"

★ 存在即是被感知。

★ 真理是每个人的渴求，却只是少数人的游戏。

★ 心智不是知觉，而是去知觉的那个东西。

★ 谁若总说世界无好人，你可以断定他本人就是个歹徒。

★ 我们没将灰尘擦去，然后埋怨自己不能明视。

★ 灵魂是不可分割的、无形体的、无广延性的，因而是不可毁坏的。

Lesson

30

大卫·休谟
温和的怀疑论

不可知论的代表

大卫·休谟（1711—1776）是英国近代哲学中经验论的最后一个代表人物，他出生在苏格兰爱丁堡的一个律师家庭，原名大卫·休姆，因为英国人难以用苏格兰方言正确念出休姆这个名字，于是他后来改名为休谟。

12岁时，休谟就进入爱丁堡大学就读，比正常的入学年龄早了两年。最初，他打算子承父业做律师，可不久之后他发现，他除了对哲学感兴趣之外，对其他知识都极度厌烦。从那时开始，他就不断地阅读西塞罗和维吉尔等人的著作。休谟不喜欢大学里的教授，他曾对自己的朋友说："你根本不能从教授身上学到任何东西，那些东西在书里全有了。"

在那个年代，贫穷的苏格兰人的职业生涯选择很少，休谟只有两个选择，要么做家庭教师，要么做商店的职员，最终他选择了后者。1734年，在布里斯托经商数月后，休谟去了法国旅行，在那里他经常与耶稣会的学生们讨论哲学，也是在那个时期，休谟给自己制订了人生的规划，他决心要"过着极其简朴的生活以应付我那有限的财产，以此确保我的独立自主性，并且不用考虑任何除了增进我的文学天分以外的事物"。

26岁时，休谟完成了他最重要的一本著作，也是哲学历史上不可忽视的一本著作——《人性论》。可惜，此书刚出版时无人问津，他试图缩短并精简内容来吸引读者，但都未能成功。撰写《人性论》耗费了休谟巨大的精力和体力，甚至差点让他精神错乱，为了恢复正常的思考能力，他决定暂时过回正常的生活。

1745年，休谟给安那代尔侯爵做家庭教师，但只做了一年，之后，他开始撰写《大不列颠史》，这一写就是15年，达到百万字。后来，他又撰写了《人类理解论》一书，但都未能受到重视。更为糟糕的是，休谟此时被教会指为异端，所幸有朋友替他辩护，才被判无罪。

1752年，休谟回到爱丁堡，在爱丁堡大学担任图书馆馆长，借助图书馆的丰富资源，他继续进行《大不列颠史》的研究。借助这本书，他最终为人所知。1763—1765年，他给巴黎的哈特福伯爵担任秘书，被捧为巴黎社交圈的名人，结识了卢梭，两人最初相交甚好，后因理念不合而分道扬镳。1768年，休谟再次返回爱丁堡，在那里定居。

到了1770年左右，德国哲学家康德称休谟让他从“教条式的噩梦”中觉醒，这才让休谟的哲学著作得到广泛的关注，并获得一辈子都没有获得的声誉。1776年，休谟去世，在自己的墓碑上，他这样写道：“生于1711年，死于（……）——空白的部分就让后代子孙来填上吧。”

因果关系源于习惯和经验

大多数人都相信，只要一件事物伴随着另一件事物而来，那么两件事物之间必然存在某种关联。然而，对于这样的思想观点，休谟并不认同。他在《人性论》中反驳了“因果关系”的真实性和必然性，进而指出，尽管我们可以观察到一件事物伴随着另一件事物而来，但我们不能观察到任何两件事物之间的关联。

休谟主张，我们对于因果的概念只不过是我们期待一件事物伴随着另一件事物而来的想法罢了，不能说一件事物造就了另一件事物，我们所知道的只是一件事物跟另一件事物可能有所关联。在此，休谟提出了“经常联结”一词，它代表当我们看到某件事物总是“造成”另一件事物时，我们所看到的其实是一件事物总与另一件事物“经常联结”。我们之所以相信因果关系，并不是因为它是自然的本质，而是我们的心理习惯和人性导致的。

于是，休谟得出结论：“根据经验来的一切推论都是习惯的结果而不是理性的结果。”经验的有效性在于，它可以使我们期待将来出现的一切事物与过去出现的事物相似。倘若没有习惯的影响，那我们除了呈现在记忆和感觉中的东西之外，对其他所有的事实都一无所知。在此意义上，休谟强调说：“习惯是人生的伟大指南。”

印象与观念

休谟哲学中有两个重要的概念，即“印象”和“观念”。

休谟认为，“印象”是一切思想的来源和材料，“观念”是通过记忆和想象对以前产生过的印象在头脑中的再现。两者的区别在于：“当它们刺激心灵，进入我们的思想和意志中时，它们的强烈程度和生动程度不同。进入心灵时最强最猛的那些知觉，可称之为印象；在印象这个名词中间，它包括了所有初次出现于灵魂中的我们的一切感觉、情感和情绪。至于观念这个名词，我用来指我们的感觉、情感和情绪在思维和推理中微弱的意向。”

休谟认为，在知觉中除了印象和观念的区分之外，还有简单与复合之别，即简单印象与复合印象；简单观念与复合观念。简单观念直接摹写简单印象，复合观念或是来自对复合印象的摹写，或是来自对简单观念的排列与组合。例如，“金山”不过是将已知的“金”和“山”两个观念结合起来；“有德行的人”，不过是把“德行”和“人”两个观念结合起来。

在此基础上，休谟又提出了“人性科学”的两条基本原则：

其一，印象在先原则，即观念是印象的摹本。

其二，想象自由原则，即观念虽由印象产生，但在心中却可以自由组合，从而产生出印象中所没有的东西。当然，这种“自由”不能创造观念，因此观念无论多么荒谬，都能够在印象中找到根据。

温和的怀疑论

休谟把一切观念归结为印象，而印象中最基础的又是简单印象，那么感觉印象是从哪儿来的?

对于“感觉源于外物”的说法，休谟并不认同。他认为，心与物是两个完全不同的实体，人们如何知道心中的观念是外物的摹本呢？心灵的对象除了知觉外，根本没有其他东西。

对于“感觉源于心灵或上帝”的说法，休谟也进行了批判。他认为，心灵和自我都是超验的东西，它们仅仅是“以不能想象的速度相互接续着，并处于永远流动和运动之中的知觉的集合体，或一束知觉。”“上帝”像“物质”一样，也超越了我们的感觉经验，它们的存在都是悬而未决的，既无法认知，也不可能证明。

鉴于此，休谟得出结论：我们的感觉究竟从何而来，是不可能知道的，“我们永远不可能确实地判定，那些印象是直接由对象发生的，还是被心灵的创造所产生，还是由我们在造物主那里得来的。”

由此可以看出，休谟在感觉源自经验这个问题上，确实存在怀疑。不过，他的怀疑论不是彻底的怀疑论，他自称为“温和的怀疑论”。他认为，这种温和的怀疑论不像彻底怀疑论那样有害，反而是有益的，它将我们的研究限制在了最适合人类理智这个狭窄官能的那些题目。对此，休谟还为人类理智进行了划界：

其一，关于想象力这些崇高的论题，留给诗人、演说家、僧侣或政治家来发挥。

其二，正确的判断必须避免一切高远的探求，仅限于日常实践和经验的题目。

其三，哲学的结论，只是系统地修正过的日常生活的反省，绝不可以超越于经验之上。

可以说，休谟的哲学是近代哲学史上第一个不可知论的哲学体系，在近现代西方哲学发展中起到了至关重要的作用，是现代逻辑经验主义、实用主义、分析哲学等许多流派的重要思想来源。

云淡风轻的智者

休谟退休后，每年还可以拿到1000英镑的退休金和稿费。他在爱丁堡的图书馆做管理员时写的那本《大不列颠史》十分畅销，被重印了多次，周围的人都劝他写写续集，一直写到当代，这位智者却摊开两手说：“你们已经给了我太多的荣誉，先生们，但我不想再写了，理由有四点：我太老了，太胖了，太懒了，太富了。”

★ 当自我不被考虑到时，便没有骄傲或谦卑的余地。

★ 关于原因与结果，我们的一切推论无非是由习惯而来。

★ 唯有破除宗教理性化的迷惘，方可还真正信仰的本来面目。

★ 人生由习惯与信念所决定。

★ 恶意是一种无缘无故产生的伤害他人的欲望，目的是从比较中获得快乐。

★ 遇到有承认自己错误的机会，我是最为愿意抓住的，我认为这样一种回到真理和理性的精神，比具有最正确无误的判断还要光荣。

★ 正是劳动本身构成了你追求的幸福的主要因素，任何不是靠辛勤努力而获得的享受，很快就会变得枯燥无聊，索然无味。

★ 一切权力，最终必以群众意志为依归。

Lesson 31

让·雅克·卢梭
人生而自由

激进的民主主义者

让·雅克·卢梭（1712—1778）是18世纪法国启蒙运动的著名思想家、哲学家、教育家、文学家，是18世纪法国大革命的思想先驱，杰出的浪漫主义文学流派的开创者。

卢梭出生在瑞士日内瓦，父亲是一个钟表匠，祖上是从法国流亡到瑞士的新教徒。他出生后10天，母亲就去世了。10岁那年，他的父亲为了捍卫正义，不向邪恶势力低头，在法院下达了缉拿通知后愤然离开日内瓦，只剩下年幼的卢梭一人。

家境的贫寒，未能让卢梭有机会接受系统性教育，但他从小跟随父亲也读了不少书。为了生计，他当过学徒、杂役、家庭教师，长期遭受屈辱和冷遇的经历，让卢梭很早就对“残暴和不正义”充满了反抗意识。1741年，卢梭去了巴黎，靠抄写乐谱为生。在那里，他结识了一大批渊博的学者和思想家，可惜最终都因思想不同而分道扬镳。但在此过程中，他丰富了自己的知识，也锻炼了反抗封建势力的坚强意志。

1749年，卢梭在“科学与艺术的复兴是否有助于敦风化俗”的征文活动中，抒写了自己的见解，被评为首奖。之后，他又发表了《论人类不平等的起源和基础》，并出版了《社会契约论》，进一步阐明了自己的民主主义争执思想。1762

年，卢梭的长篇教育哲理小说《爱弥尔》问世，抨击了法国腐朽的争执、宗教，尤其是摧残儿童身心的封建主义教育。该书刚一发表，就轰动了法国和西欧。法国政府下令逮捕卢梭，焚毁《爱弥尔》。为了躲难，卢梭逃往瑞士，而后去了英国。

法国政府和天主教会对卢梭的政治迫害，使得他身心备受煎熬。1767年，卢梭返回法国，隐居在巴黎市郊。1772年，他完成了自我评传性的最后一部著作《忏悔录》。

1778年，这位反封建的斗士与世长辞，他的遗体于1794年以隆重的仪式移葬于巴黎先贤祠。他的棺木外形设计成乡村小寺庙的模样，从正面看，庙门微微开启，从门缝中伸出一只手来，手中擎着一支燃烧的火炬，象征着他的思想点燃了革命的烈火。

宇宙的本质是精神和物质

卢梭没有专门的哲学著作，他的哲学观点只是散见在《爱弥尔》等著作中。他是一个自然神论者，反对传统的宗教，但不否认神的存在，承认非物质的灵魂存在。他认为，宇宙的本质是精神和物质两个永恒的实体，精神是积极的、能动的，可以组合和改变事物；物质是消极的、惰性的本原，只是变化的对象，只能承受运动、传递运动，但自己却不能够运动。物质的运动，完全是由精神力量，也就是意志推动的结果。

人是生而自由的

卢梭在《社会契约论》的开篇写道："人是生而自由的，但却无所不在枷锁之中。”

他认为，在社会国家出现前的自然状态下，一切人都是自由、平等和善良的，自由、平等是天赋人权，自从出现了私有财产，人类便陷入了你争我夺、尔虞我诈、恃强凌弱、以富欺贫的纷纷扰扰中，有人无所事事却因过度饮食而死，有人终日劳动却因饥饿而亡。在卢梭看来，这都是私有财产的后果。有了私有财产，便产生了文明社会，便出现了人压迫人的现象，到了封建君主专制时期，这种不平等状态达到了极点。

卢梭认为，无论一个政府以何种形式存在，如果它不能对每一个人的权利、自由和平等负责，就破坏了作为政治职权根本的社会契约。他强调，统治者和被统治者的契约应当重新思考，政府不该只保护少数人的财富和权利，而应当着眼于每一个人的权利与平等，最好的办法就是“回归自然”，回复到“自然状态”中。这里说的“自然状态”并非原始社会，而是建立一个小私有者的，实行体现人民主权、体现公意的法律，用法制代替君主专制统治。同时，他还主张，政治不应与道德分离，国家一定要捍卫自由。

可见，卢梭的社会理想，是一个小国寡民、小康则宁的国家，它反映了小资产阶级的利益和要求。可惜，受资产阶级的世界观和阶级偏见所限，卢梭未能科学地揭示社会不平等的起源，从而也找不到消灭不平等的正确之路，使之陷入了空想。

顺应儿童的天性来教育

卢梭崇尚自然，主张“回归自然”，认为教育必须要顺应儿童天性发展的自然历程，必须遵循儿童身心发展的特征。他说：“大自然希望儿童在成人以前就要像儿童的样子。如果我们打乱了这个次序，我们就会造成一些早熟的果实，它们既不丰满也不甜美，而且很快就会腐烂；我们将造成一些年纪轻轻的博士和老态龙钟的儿童。”

在卢梭看来，儿童的生理、心理的发展都是有规律的，不可能改变。他认为，人的教育有三种来源：自然、人和事物。如果在一个孩子身上，这三种教育是相互冲突的，那他所接受的教育就是不好的，天性就不能得到充分的发展；反之，若三种教育协调一致，趋向同一目标，他的天性就能够完美发展，不仅能达到自己的目的，还能使生活变得有意义。

如何做到这一点呢?

卢梭进一步指出：自然的教育不能够由我们决定，事物的教育只是在某些方面能够由我们决定，唯有人的教育才是我们真正能够加以控制的。因此，人的教育和事物的教育，必须服从自然的指导。同时，卢梭还强调，教育必须尊重儿童的个性，每个孩子都不一样，所以要按照个别的形式进行教育，让每个孩子都能够发挥出自己的主动性和创造性，身心得到顺利发展。卢梭提出的根据不同时期的儿童身心发展的情况进行针对性教育，在今天看来，仍然有巨大的意义。

★ 人民的声音，就是上帝的声音。

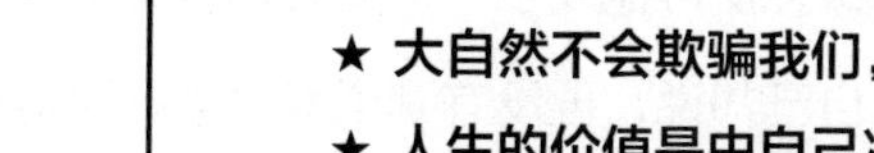

★ 大自然不会欺骗我们，欺骗我们的往往是我们自己。

★ 人生的价值是由自己决定的。

★ 问题不在于告诉他一个真理，而在于教他怎样去发现真理。

★ 人是生而自由的，但却无所不在枷锁之中。

★ 当一个人一心一意做好事情的时候，他最终是必然会成功的。

★ 在儿童时期没有养成思想的习惯，将使他从此以后一生都没有思想的能力。

★ 做老师的只要有一次向学生撒谎漏了底，就可能使他的全部教育成果从此为之毁灭。

Lesson 32

伊曼努尔·康德
自由与自律

哲学家中的哲学家

人们总觉得，真正的哲学家应当有一种庄严而生硬的威严感，还带着一股不懂世故、不解风情的学究气。如果要给这种风范找一个典范，那么康德恐怕是最好的代表了。

伊曼努尔·康德（1724—1804）出生在德国东普鲁士的首府科尼斯堡，父亲是一名马鞍匠。他8岁开始上学，16岁进入科尼斯堡大学，24岁大学毕业，而后做了一名家庭教师。他的著述和讲课，使得他成了一个受人尊重的哲学家，许多人慕名而来，希望师从于他。可他自己却说，再没有哪个家庭教师比他还差，实际上他这是谦虚。期间，有不少大学给他发来教授聘书，但都被他回绝了，他不愿离开自己的家乡，对此他在给朋友的信中这样写道："我胸腔狭窄，心脏和肺的活动余地很小，天生就有疑病症倾向，小时候甚至十分厌世。"

1755年，康德以"自然通史和天体论"获得硕士学位，三个月后获得大学私人助教一职，开始教授哲学。在这个岗位上，康德一干就是15年，因为他的课程很受欢迎，这也使得康德的生活有了保障。在任助教期间，康德经常发表著作，课题涉及了众多领域，但核心问题只有一个，就是哲学研究该如何进行。

康德平日深居简出，终身未娶，一生过着刻板单调的生活。直至去世，他都未离开过自己的出生地。他的生活很有规律，几点钟做什么，从未变过，就像机器一样。康德每天下午三点半准时出门散步，邻居们都以此来校对自己家的钟点。有一次，康德读到卢梭的《爱弥尔》时，大受感动，破例放弃了每天的散步。这一下，竟然让邻居们不知道该如何核对时间了。

康德一辈子不富裕，以至于在金钱观念上给后人留下笑料。据说，他总是声称，自己最大的优点是不欠任何人一文钱，任何人敲他的门时，他都会平静而愉悦地说“请进”，因为他肯定，门外站着的不是自己的债主。

康德的存在，成了科尼斯堡小城的一道风景。1804年2月12日上午11时，伟大的哲学家康德在家乡科尼斯堡去世了。据说，他去世的时候瘦得皮包骨，小城的居民排着长长的队来瞻仰这个城市最伟大的儿子。当时，天气十分寒冷，土地根本无法挖掘，在整整16天后，康德的遗体才被下葬。

康德哲学体系：三大批判

康德写了三本重要的书：《纯粹理性批判》《实践理性批判》《判断力批判》，这“三大批判”构成了康德哲学体系。

纯粹理性批判

纯粹理性批判要回答的问题是：我们能知道什么？

康德给出的回答是：我们只能够知道自然科学让我们认识到的东西，哲学除了帮我们澄清使知识成为可能的必要条件，再无其他用途。至于形而上学问题，其实是无解的。

要想回答我们能知道什么，首先就要了解认识者和被认识者之间的关系。康德并不认同“语言与事物一致相应”的说法，他提出：语言是抽象的，事物是具体和物化的，两种东西怎么可能一致呢？人只能够感知物体的某些特性，比如质量、体积、数量等等，若没有这些特性，人对物体就无从想象，这是物体的主要特性。此外，物体还有其他的从属特性，比如颜色、声音、味道、温度等等，人们可以依此进行不同的想象，比如把一张蓝色的桌子想象成绿色的桌子。

区别主要特性和从属特性后，问题又来了：外部世界的真实情况如何？如果对物体的某些特性可以进行不同的想象，那么这些特性似乎只存在于感知中，如何才能肯定世界不过是存在于人的头脑中呢？康德得出结论：只有在人的头脑中，语言与事物一致才是可能存在的。

康德给哲学带来了哥白尼式的转变。他认为：不是事物在影响人，而是人在影响事物，在认识事物的过程中，人比事物本身更重要。同时，人根本不可能认识事物的真实性，只能认识事物的表象。

实践理性批判

实践理性批判要回答的问题是：我们该做什么？

康德给出的回答是：我们要尽自己的义务。对于“义务”的要义，康德提出了著名的“绝对命令”：“无论做什么，都应该使你的意志所遵循的准则同时能够成为一条普遍的法律。”

康德认为，人是有理性的存在者，理性会赋予人一定的命令，所以人本身即是目的，不能被当成工具和手段。人在道德上是自主的，尽管行为受到客观限制，但人在道德方面有自由能力，能超越因果，有能力对自己的行为负责。

判断力批判

判断力批判要回答的问题是：我们可以希望什么？

康德给出的回答是：要真正做到有道德，就必须假设有上帝存在，假设生命结束后并不是一切都结束了。因为，幸福是指有理性的存在者，能在世间使一切按照自己的愿望与意志发生，唯有全知与全能的上帝才能保证这样的结果。所以，我们必须假设上帝存在。

用道德去理解《圣经》

康德在宗教哲学方面有一部代表作，即《单纯理性范围内的宗教》，他从一个理性的角度来研究宗教，把宗教哲学建立在理性的基础上，而不是像以往那样诉诸单纯的信仰，这也是他书名的用意。他曾说："不要用《圣经》理解道德，要用道德理解《圣经》。"

康德站在理性的立场，批判了世俗传统宗教，认为传统宗教用所谓的本体论、宇宙论、自然神论等推导出的上帝高高在上，他赋予了人类一切，因而人类对他永远有所亏欠。在这样的情境下，对上帝的信仰就是对人类的奴役。他认为，上帝不是感性的、可知的，他指向人类自我，与人类生活世界的经验领域无关。

在康德看来，至善是道德的最高追求，自由意志的良知鼓励着人们追求至善。至善的动机不是上帝，宗教也无法使人成为道德的人，但至善可以使人们有必要相信，道德追求的结果必是上帝应存在于生活世界的确认。康德心中信仰的上帝绝不是可经验的、可认识的实体，而是理性的原则。他从道德出发，设定了上帝，这个上帝是道德上帝，在生活世界中以崇高的神圣感感召着人类，使生活世界充满人性。

可以说，康德达到了他的哲学探索的终点，原本是要寻找上帝的他，落脚点却回到了人间。这不禁令人想起了一则寓言："人揭开了萨斯女神的面纱，看到的却是——他自己。"

令人敬畏的守时者

有一次，康德计划到珀芬镇去拜访老友威廉·彼特斯。动身前，他写信告诉彼特斯，自己将会在3月2日上午11点到达。

康德是在3月1日到达珀芬小镇的，他的朋友住在离小镇18公里远的一个农场，小镇和农场之间隔了一条河。第二天早上，他租了一辆马车前往朋友家。不料，马车行驶到河边时，车夫却告诉他桥坏了，无法再往前走了。

康德下车看了看桥，发现中间已断裂，河虽不宽，但是水很深，且结了冰。他问是否还有其他的路径？车夫说，最近的路在上游9公里处，那里还有一座桥，此时是10点钟，走那条路的话大概12点能到达农场。如果走眼前这条路，只需40分钟。

环看四周，康德发现了一座农舍，他跑过去向主人打听："请问，您的那间屋子要多少钱才肯出售？"农夫很惊讶，因为他的房屋破旧不堪，根本不能居住。可康德坚持要买，最后农夫开口要了200法郎。付钱后，康德告诉农夫："如果您马上从破屋上拆下几根木头，在20分钟内把桥修好，我就把房屋还给您。"

农夫把两个儿子叫来，很快就完成了任务。马车顺利通过了小河，在乡间的道路上飞奔，终于在10点50分的时候抵达了农场，康德没有迟到。

在门口迎接的彼特斯先生高兴地说："亲爱的朋友，您真守时。"他不知道康德为了守时付出了什么样的辛苦，而康德对过程中发生的一切只字未提。直到后来，彼特斯先生还是从其他人口中听说的这件事，对自己的老友深感敬佩。

★ 良心是一种根据道德准则来判断自己的本能，它不只是一种能力；它是一种本能。

★ 无目标而生活，如没有罗盘而航行。

★ 所谓的宗教，是指我们的一切义务都要当作上帝的命令而言。

★ 在痛苦中，我们首次觉察到自己的生命；没有了它，就会了无生气。

★ 上帝之存在无须被证明，只需被人确信。

★ 我们越是忙，越能强烈地感到我们是活着，越能意识到我们生命的存在。

★ 在人的各项义务中，最重要的就是不可任自己的才能腐朽。

★ 那最神圣恒久而又日新月异的，那最使我们感到惊奇和震撼的两件东西，是天上的星空和我们心中的道德律。

Lesson 33

约翰·戈特利布·费希特
自我设定一切

一个激情燃烧的哲人

康德之后的德国唯心论有三大代表人物，费希特、谢林和黑格尔，他们分别主张主观唯心论、客观唯心论、客观唯心论和绝对唯心论。这里所言的“心”，兼指意识、观念和精神体。

约翰·戈特利布·费希特（1762—1814）被认为是康得哲学的唯一正统继承人，是康德哲学的克服者与完成者。他出生在普鲁士萨克森州的拉梅诺，家境贫寒，但他天资聪颖，从小就表现出了非凡的智慧。据说，当年有个地主来到村子里，因为错过了布道的时间气愤不已，人们安慰他说，有一个叫费希特的孩子能一字不差地重复布道的内容。后来，地主找到了费希特，他果然模仿着牧师的语气和姿势，一字不差地把布道的内容重复了一遍。地主很欣赏他，决定资助他上学。

1774年，费希特进入波尔塔贵族学校；1780年，他考入耶拿大学；1781年，他进入莱比锡大学攻读神学；1788年，因经济拮据，费希特放弃学业奔赴瑞士的苏黎世，在那里做家庭教师；1790年，费希特重返莱比锡，再任家庭教师，并开始研究康德哲学，并为之折服。他说：“我因懊恼而将自己投入到康德的哲学中……他既使人振奋又伤脑筋。我在这里找到了一件能充溢心灵和头脑的工作，我强烈的传播欲沉默了。那是我经历过的最最美好的时光，虽然时常有缺乏面包的尴尬，但我那时却感觉自己是这个星球上最幸福的人。”

1791年，费希特特意前往科尼斯堡拜见康德，并写了一篇研究康德批判哲学和神学领域之间联系的宗教长文《试评一切天启》，康德看过后大加赞赏。在康德的赞助下，费希特的这篇文章正式发表，他本人也被推荐到大学做教师。但不知何故，这篇文章最终以匿名发表，人们都以为这是康德的作品，幸好后来康德站出来澄清了事情的真相。这件事之后，费希特在哲学界名声大噪。 1793年，当费希特再到苏黎世时，被聘请到耶拿大学做哲学教授。

在耶拿大学任教期间，他主持康德哲学的讲座，并完善自己的哲学体系。后来，在他为《哲学杂志》做责编的时候，因发表了一篇宗教怀疑论的稿件，被人污蔑为无神论者，不得已之下，费希特只好迁居柏林。1806年，普法战争爆发，费希特开始宣扬爱国主义。在他的倡议下，柏林大学成立，费希特任第一任校长。1813年，柏林保卫战爆发，城中遍是伤员，瘟疫肆虐，费希特的妻子在参与照顾伤员的工作中不幸沾染斑疹伤寒并传染给费希特，夫妇二人于1814年1月先后离世。

哲学的源头在于“自我”

费希特继承了康德哲学，他把自己的哲学称为知识学。但是，他比康德更进一步，认为“知识论”不仅是哲学的核心问题，还是哲学的本身。

费希特认为，哲学的源头在于“自我”。因为我们可以设想任何东西都不存在，但不能设想自我不存在，自我是排除了一切东西后剩下的唯一确实的存在。自我有抽象能力，可以把世上的一切抽象掉，因而可以把整个世界视为幻想，但自我绝不可能把自己抽象掉，当“我”进行这一抽象活动的时候，我必然是真实存在的，故而保证了世界的真实性。

费希特把“知识学”的基本原理规定为三条，使它们构成了“正反合”的命题系统，这三条基本原理分别是：

自我设定自身

自我与自身是绝对同一的，这一点毋庸置疑，任何一个正常的人都不会怀疑自己的存在。自我与自身的同一可以这样来表述：我是我。对于任何人来说，这都是不争的事实，无须证明。这个自我，使得一切意识和经验成为可能，与经验不同的是，经验会变化，而自我不会变。

由此可知，自我是世界的终极存在，自我的存在是以自身为根据的，无法从其他事物中推论出来，可以从我的存在中直接推出，因而不必再追问自我的起源。这个命题，也可以套用笛卡尔的形式：我在，故我在。

自我设定非我

自我并不是孤立的存在，有自我存在，就有非自我存在，非自我与自我一样，也有独立的起源。在某种意义上，非我不依赖于自我而存在，这一点毋庸置疑。非我不是我，跟我有完全不同的性质，这一点任何人都可以承认，也不需要证明。

自我设定自我与非我的统一

自我发现非我不是一个外来的东西，而是由自我设定起来的。如果没有自我，那么非我就无法作为对象而存在，正因为有了自我的设定，非我才成为自我的对象。从这一点上来说，非我是由自我创造出来的。如此，自我也就能把所有领域统一在自我之中了。

当然，说世界是由自我设定起来的，并非指外部的物质客体是由自我创造的，就像上帝创造世界一样，而是说一个事物能够成为认识的对象不取决于它本身，而取决于认识者——自我。世上的事物千千万万，但不能都进入我的认识，成为我的对象，它们能够成为认识对象决定于两点：

其一，自我的选择。我们在街上会碰见许多人和事，却不一定都能够成为自我的认识对象，能否成为认识对象，由自我决定。

其二，自我的认识能力。有些事物存在着，但因为自我的认识能力有限而无法成为自我的认识对象，比如原子、星系等等，因为我们没有相应的工具和知识，就无法认识它们，它们也就无法进入我的视野，进而成为我的认识对象。

费希特强调自我，以自我构建一切价值，因此被称为主观唯心论。在普法战争期间，他用通俗的方式宣讲自我哲学，振奋了民心，这也印证了哲学对社会与人心有指导意义。

★ 一个人之所以选择某种哲学，正因为他是这种人。

★ 上帝把陆地给了法国，把海洋给了英国，但是把思想的天空给了德国。

★ 教育的本质即是道德心。

★ 以温柔对待倔强，以热情对待冷酷，以博爱对待厌世。

★ 纯粹自我是自己安置自己的。

★ 人，在发觉诊治身体的药石业已无效时，才能急着找出诊治心灵的药方。

★ 为了自我意识，他者的存在是需要的。

Lesson 34 弗里德里希·谢林 自然与精神

早熟的天才

弗里德里希·谢林（1775—1854）是德国唯心主义发展中期的主要人物，介于费希特和黑格尔之间。他出生在符腾堡的莱昂贝格的一个新教徒家庭，1790年进入图宾根大学神学院，他的父亲也在这所大学任教。在这里，他与荷尔德林、黑格尔为同窗好友。

1792年，谢林从哲学院毕业，之后开始研究康德与费希特的哲学，他们的思想对青年时期的谢林产生了巨大的影响。1794年，谢林出版了一篇阐述费希特思想的文章《论一种绝对形式的哲学可能性》，费希特本人也看到了这篇文章，对谢林表示认可，这让谢林在哲学界有了一定的知名度。1795年，谢林获得神学学位，毕业后到莱比锡做家庭教师，这期间他研究了斯宾诺莎与维柯的哲学。

1798年，谢林被耶拿大学聘为编外教授，讲授自然哲学与先验哲学，当时他只有23岁。在耶拿的几年里，他的哲学创作进入高峰期，写出了《先验唯心论体系》一书，并迅速成为浪漫派的领军人物。此时，他对费希特的思想产生了变化，认为其晦涩难懂。

1803—1806年，谢林到维尔茨堡大学任教。因为好胜，他树敌颇多。此时，他的思想也开始朝着宗教神秘主义发展。1806年，谢林移居到慕尼黑。1809年，他在《对人类自由本质的研究》中，更加明显地体现出对神秘主义的倾向。这部作品受到了黑格尔的贬低，未能受到应有的重视，但海德格尔却对此给予了高度的评价。

1820年，谢林开始在埃尔兰根大学任教，直到1827年重返慕尼黑，担任国家科学院院长。1841年，他被普鲁士国王召回柏林。此后，他试图遏制流行的黑格尔哲学浪潮，但未能成功。1854年，他在前往瑞士的途中去世。

自然与精神

谢林在哲学史上是不可小觑的，但因为黑格尔的崇高地位，以及他本人的自然哲学常被一些实证科学家们认为缺乏逻辑和实践证明，使得他的思想常常被轻视。他的哲学，可分为三个部分：自然哲学、同一哲学、启示哲学。

自然哲学

费希特的哲学思想对谢林产生了重大影响，可谓是他的引路人。但在深入研究费希特的哲学后，谢林很快就意识到了费希特在哲学上的不足。费希特认为，自然是由自我来设定的，它是人类的一种材料，但谢林认为，从自我出发的认识论不足以构成哲学的全部，自然本身应有其内在的理性和目的。作为和自我有着同等地位的实在，就需要一种自然哲学来阐述它。

在谢林看来，自然是一种盲目而没有意识的理智，这种理智在同一与差别的矛盾下推动发展，最终产生精神，他说："自然界是可见的精神，精神是不可见的自然界。"自然本身的表象，体现着某种最根本的理智，自然科学的目的就是透过表象来总结其中的理智，使理智精神化。

谢林的这种思想，推动了浪漫主义者的想象，也给当时以机械论占主导的学界带来了一股新思潮，受到了诗人和自然科学家的认可。

同一哲学

谢林受到斯宾诺莎泛神论的影响，意识到自然与精神在本质上当是一个更高本原的两个方面，在此基础上，他发展出了同一哲学。

对于费希特“自我是哲学的最高本原”的说法，谢林认为不够全面，其中忽视了客观自然的重要性。在他看来，自然和精神两者同一的最高本原要求绝对，即要求自然哲学和先验哲学的同一。在谢林的“同一哲学”中，“绝对”的含义有两层：一是认识论层面的（精神），一是本体论层面的（自然）。

在认识论上，绝对要求事物的客观存在与人的主观意识相一致。如果说两者在某一条件下达成一致，那只能称之为“相对”，只有这种一致性不受任何条件的约束，才能被称为“绝对”。因此，谢林强调的“绝对”，就是主体与客体、精神与自然、思想与存在的对立的同一性。

在本体论上，绝对就是物自体的存在状态。在谢林看来，哲学的根本任务要求对绝对的理智直观，即“存在就是力量”。

启示哲学

在宗教哲学中，谢林的绝对概念和上帝类似。上帝是唯一真实的存在，具有无限的创造性，自然与精神最终都归于具有绝对同一性的上帝。但是，谢林不是泛神论，也不是无神论。在他看来，上帝自然是至善的，但他尚在形成中。上帝为了启示自身的至善，必须通过人。没有人的存在，上帝无法认识其自身的至善，没有上帝，人的存在就没有根基。

谢林认为，人对于善恶的自由，只是上帝启示其自身作为至善的手段，恶和善一样，全都是自由的产物，因而无法消除。在谢林看来，人的本性在于领悟上帝的启示。人要实现向至善的规划和提升，只能依靠人本身既能为善、也能为恶的自由。

★ 若是忧虑就应抱希望。人生最大的幸福经常是希望、希望。

★ 哲学的根本命题是：我是我，或者，我存在。

★ 客观世界只是精神原始的，还没有意识的诗篇。

★ 人对自然界的知识，即是自然界对它自己的知识。睡着的精神变为清醒的精神。

★ 自然界是可见的精神，精神是不可见的自然界。

★ 一切诞生，皆是由黑暗到光明的诞生。

★ 正如建筑可以说是凝固的音乐一样，它也可以说是一种空间音乐。

Lesson 35 黑格尔 诗意的精神

德国古典哲学集大成者

黑格尔（1770—1831）是德国古典哲学的集大成者，他出生在德国符腾堡公国首府斯图加特的一个官吏家庭，10岁进入中学，18岁进入图宾根神学院学习神学和哲学。1793年，黑格尔以优异的成绩从神学院毕业，此后几年里，他在瑞士伯尔尼和法兰克福的贵族家庭里做教师。

1800年，黑格尔回到耶拿，与谢林一起创办了《哲学评论》杂志。1801年，他通过论文答辩成为耶拿大学哲学系的编外讲师，四年后成为副教授。1807年，他出版了自己的第一部著作《精神现象学》。1808—1816年，他在纽伦堡的一所中学担任校长，而后到海德堡大学担任哲学教授。1818年，黑格尔任柏林大学哲学教授，11年后当选为该校校长。1831年因病逝世。

黑格尔有极强的理性分析和思辨能力，也有广阔的视野和雄心。他在形而上学、宗教哲学、艺术哲学、法哲学、哲学史等几乎哲学学科的所有方面都有惊人的论述。最重要的是，他把这一切贯通为一个完整的体系。可以说，德国的古典哲学，在他这里达到了顶峰。

世界就是精神的产物

黑格尔把“绝对精神”视为世界的本原，这与他早期受到神秘主义的影响不无关系。在他心中有一个“世界之神”，它创造了世间万物，无论是精神的还是物质的东西，全部由它产生，最后又复归于它。不过，这个“世界之神”不同于基督教中所说的上帝，而是一种“精神”。

黑格尔认为，精神具备神性，是世间最高贵的体现。神在人类精神中完全展示自我的时候，必定以精神的形式出现。既然神是精神，世界又是神的产物，由此推理：世界就是精神的产物。

不过，黑格尔又强调，这个“精神”不同于某一个人的“精神”，它独立于所有人和所有事，是异化的、对象化的。在自然界和人类社会出现以前就已存在一种精神性的本原，这就是“绝对精神”，且自然界和人类社会中的一切现象，都是“绝对精神”的异化形式。

有人提出异议：山川河流、动物植物、人类社会，全都是物质的，这该如何解释呢？黑格尔认为，这些不过是“精神的现象”，它们的本质全是精神的。又有人提出：绝对精神如何把世间万物实现出来？对此，黑格尔用“三段论”作了回答：精神通过“正、反、合”的辩证法运动，分阶段地把事物实现出来。一开始，绝对精神在纯粹的“概念”世界里运动，此为正；接着，它把自己从概念里外化出来，形成具体的物质内容，此为反；再然后，精神摒弃自然界，结合前两个阶段，重新回到精神的表现形式中，此为“合”。

“三段论”听起来较为抽象，若举例说明，则一目了然。

例如，一颗麦粒，起初只是一颗小小的种子（正），当它被种在地下，经历了生根、发芽等一系列过程长成麦苗时，它不再是最初的那颗麦粒了（反）；麦苗最终成熟结种，产生出新的麦粒（合），这新的麦粒既不是麦苗，也不是最初的那粒种子，而是两者的综合产物。

再如，一只母鸡（正）下了一枚鸡蛋（反），鸡蛋与母鸡的样子完全不一样，但是经过了孵化之后，小鸡破壳而出（合），它还是一只鸡，但又不是原来的那只母鸡。

为此，我们可以这样来理解“绝对精神”：它是宇宙中一股神秘的力量，按照“正、反、合”的规律变化、成长，演变出万事万物。

存在即合理吗?

许多人都知道“存在即合理”这句话，并以字面意思来理解，“一个东西既然存在于世界上，它就是对的”。这句话被认为是黑格尔的观点。事实上，黑格尔从未说过这句话，他只说过：“凡是合乎理性的东西都是现实的，凡是现实的东西都是合乎理性的。”

什么是“合乎理性的”呢？前面说过，黑格尔将“绝对精神”视为世界的本原，支配着世间万物的存在与发展，最后又回归自身。因此，在这个发展轨迹上的就是“合乎理性的”。

什么是“现实的”呢？在黑格尔的哲学中，“现实”和“现存”不是一个概念，“现存”指的是“现在存在的”，它未必是好的，也未必合乎绝对精神的必然性。“现实”可理解为“真实”“实现出来”的意思，“现实的东西”符合必然性，因此它是“真的东西”，是一定会实现出来的。它会成为现实的，正因为它是合乎理性和规律的。

现存的东西包含着一定合乎理性的成分，但不可绝对地合乎了理性，在时间的推移下，不合理的成分就会逐渐上升构成事物的本质，使得合理的事物变成不合理的事物，被更加合乎理性的东西所取代。因此，恩格斯在评价黑格尔的这一命题时说到，它实际上还包含着另一个命题，那就是“凡是现存的都是应当灭亡的”。

哲学家的黑色幽默

黑格尔给人的印象总是严肃刻板的，可实际上，他偶尔也会来一把黑色幽默。

据说，有一次黑格尔的家中失火，仆人们惊慌失措，连忙跑到书房通报。此时，黑格尔正在书房里思考哲学问题，仆人大叫：“不好了，不好了，家里起火了。”黑格尔听过后，一点也不急，而是慢条斯理地对仆人说：“跟你说过很多次了，家里的事应该去找夫人，让她来解决，难道你不知道我从不过问家事吗？”

黑格尔一生都是以教师的角色度过的，在教学生涯中，不免会与学生发生摩擦。有一回，黑格尔不小心撞到了一位学生，那个学生脾气暴躁，立刻就喊了起来：“您怎么回事？把我当成什么了？”黑格尔见对方情绪激动，试图让他冷静下来，回答道：“我把您当成一个有教养的年轻人，一个和我一样对争吵没有兴趣的人。”没想到，那个学生并未领会黑格尔的意思，反而变本加厉地说道：“可是您在我眼里却是一个粗鲁的人。”黑格尔镇定地回答：“那我很遗憾，我们两个人都错了。”

1830年革命结束后，黑格尔愉快地度过了生命中最后的时光。可就在那些快乐的日子里，黑格尔却迅速地衰老了，经常心不在焉。一次，他甚至只穿了一只鞋就进了教室，另一只鞋不知什么时候陷在烂泥里，他自己竟然都没有察觉到。看到学生们把他丢失的那只鞋找回来后，他拍了拍自己的脑袋说：“我是越来越糊涂了。”

丰富的联想

黑格尔在《谁在抽象思维》一文中，曾描述了这样一件事：

一位女顾客对一个卖鸡蛋的女商贩说："你卖的鸡蛋是臭的！"

女商贩听后，没完没了地反驳她："什么？我的鸡蛋是臭的？你自己才臭呢！你怎么敢说我的鸡蛋？你爸爸吃了虱子，你妈妈跟法国人相好吧？你奶奶死在养老院了吧？瞧，你把整个被单都当成自己的头巾了！你的帽子和漂亮衣服大概也是床单做的吧？除了军官的情人，没有人会像你这样打扮的，规规矩矩的女人都在家里照料家务呢！你这样的女人只配坐牢，赶紧回家去补补你袜子上的窟窿吧！"

呵，多么犀利又讽刺的一段描述。可想而知，这位哲学家的想象力是多么丰富啊！

★ 人应尊敬他自己，并应自视能配得上最高尚的东西。

★ 精神的本质就是自由。

★ 理想的人物不仅要在物质需要的满足上，还要在精神旨趣的满足上得到表现。

★ 绝对者是思想着他自己的思想，是自我思想的思想。

★ 与所爱的人长期相处的秘诀是：放弃改变对象的念头。

★ 哲学对人的反省，就是绝对者的自我认识。

★ 透过心灵，人才能与神明共处。

★ 人们以为当他们说人性本善时说出了一种伟大的思想，但他们忘记了，当他们说人性本恶时说出了一种伟大得多的思想。

Lesson
36

亚瑟·叔本华
意志与人生

一个悲观哲学家

当众人对黑格尔的哲学大加赞赏时，有一个人却站出来说："黑格尔是一个庸俗、愚蠢、讨厌、一无所知的江湖骗子。他空前刁蛮、癫狂，总是胡说八道，他的思想败坏了整整一代人。长得像啤酒店老板，这样的人也配做哲学家，着实令人费解。"这个言辞尖锐的批评者，正是亚瑟·叔本华。

叔本华（1788—1860）生于但泽，这个地方当时是德国的领土，现是波兰的格但斯克。他的父亲是一个富有的商人，母亲是一个颇具才气的女作家。据说他的父亲相貌不佳、脾气暴躁，母亲美丽聪慧、颇具才华，叔本华说："我的性格遗传自父亲，而我的智慧遗传自母亲。"

8岁那年，叔本华跟随父母出游到法国，在巴黎滞留了一段时间。父亲将叔本华托付给一位朋友，帮助他学习法语，他在巴黎待了大概两年。回国后，父亲安排他进入一所商业学校就读，以便将来可以子承父业。大概是因为父亲经商，而母亲与文艺界人士来往甚密，叔本华从小就接触到了一些名人雅士，对商业生活的庸俗和世俗气息极度反感，一心想做学问。无奈父亲觉得文人多穷酸，不支持他。直到1804年父亲去世，叔本华才弃商从文。

1809年，叔本华进入哥廷根大学攻读医学，后把兴趣转移到了哲学上，他以

《论充足理由律的四重根》获得了博士学位，并得到了歌德的赞赏。当时，歌德发现了叔本华的悲观主义倾向，告诫他说："如果你爱自己的价值，那就给世界更多的价值吧。"

1814—1819年，叔本华完成了他的代表作《作为意志和表象的世界》，但发表后却无人问津。但是凭借这部作品，他获得了柏林大学编外教授的资格，与黑格尔在同一时间授课。可惜，当时黑格尔名气很大，课堂爆满，而叔本华的班上只有三两个人，最后他只能离开柏林大学。这些事的打击让他心灰意冷，他开始变本加厉地攻击他的对手黑格尔、费希特和谢林等人，称他们是哲学骗子。

1831年，霍乱爆发，叔本华被迫离开柏林，前往法兰克福。此后20年，他一直处于默默无闻当中。直到1851年，人们读到他的最后一部著作《附录和补充》时，才恍然大悟，感慨叔本华道出了他们的心声。至此，他的哲学已经沉寂了整整30年。终于，他像一个久经沙场后高歌凯旋的英雄一样，名噪全欧，誉满天下，被众多信徒们顶礼膜拜。

叔本华在人生最后的10年里，终于得到了他渴望已久的声望，但他依然过着孤独的日子，唯一的陪伴者是一条叫作"世界灵魂"的卷毛狗。对此，有人调侃说这个名字是用来讽刺黑格尔的。1860年9月21日，叔本华起床洗完冷水浴后，像往日一样独自吃着早餐，一切并无异样。然而，就在一个小时后，当佣人再次进来时，他已经靠在沙发的一角，永远地睡着了。他在遗言中说道：希望爱好他哲学的人，能不偏不倚地、独立自主地理解他的哲学。

世界是我的表象

《作为意志和表象的世界》是叔本华的代表作，这本书的主旨是要探讨

“世界”。

在传统哲学中，唯物主义者认为，“世界”具有客观性，对于所有人都一样；客观唯心主义者认为，世界是某种客观精神的体现；主观唯心主义认为，世界是一种主观的理解。到了叔本华这里，他把之前的所有说法全都否定，他在此书的一开篇就说：“世界是我的表象。”

在叔本华看来，“世界”由主体和客体两部分构成，所谓“表象”，就是指主体（认识者）对客体（被认识者）的感知、认识与理解。表象不是独立存在的，它只能存在于主体与客体的关系中，缺一不可。比如：如果没有眼睛，即便太阳存在也无法感知到，更无法感知它的光，因为缺乏感受它的器官；如果没有太阳，也不可能有眼睛，地下或阴暗处的生物，生活的环境没有阳光，因而没有眼睛，它们也不需要眼睛。

叔本华认为，事物的性质不是绝对的，都是相对于其他事物而言的。一个单独的事物，无法判断它的性质，一旦说起某种性质，必然是相对于一个判断者而存在的。离开了这个判断者，就无法说明这个事物具备什么样的性质。比如，当我们说“青菜可以吃”的时候，菠菜“可以吃”的性质只是相对于我们这个判断者来说的，对于食肉性的动物来说，菠菜不具备可吃性。这件事如此，“世界”也如此。我们眼中的世界，与昆虫眼中的世界，是截然不同的，但我们不能说哪一个是真实的，昆虫无法感知我们的世界，我们也无法感知昆虫的世界。

因此，我们无法知道，我们感知到的世界之外，是否还存在着其他的事物，也无法判断它们是否存在。从这个意义上来说，世界是依赖于感知它的主体存在的，世界的性质取决于感知者的性质。如果没有感知者，世界即便真的存在，也什么都不是，因为没有感知者去进行感知和判断。人们永远不能透过外部达到事物的实在本质。

意志是世界的本质

既然形形色色的世界只是“表象”，那什么才是世界的本质呢?

叔本华在论述表象时，曾经提到过人们存在的一种心态：每个人在接受世界只是他的表象时，内心总是不太情愿的，并且不愿意相信这是一个真实反映人的认识的结论。他解释说：“这是因为世界是我的表象只是半个真理，只有当我们说，世界是我们的意志时，真理才是完整的。一切客体，都是现象，唯有意志是自在之物。”可见，在叔本华看来，“意志”才是世界的本质。

那么，何谓“意志”呢?

叔本华认为，人最根本的东西就是情感欲望，是情欲推动着人的行为，这就是意志的根本。但是，意志不仅仅是情欲，它是人与生俱来的特性，是决定人本质的因素。不仅主体的本质是意志，人类的本身就是意志的产物，理性、思维等全部是意志的客观表现。叔本华还说，意志是一种无意识的意志，求生存是其基本特点，因此也可称为“生存意志”。不仅人类有意志，动物、植物乃至无机物都有意志，人身体的活动、动物的繁衍、植物的生长、结晶体的形成，全部都是意志的客观化。可以说，意志无处不在，它是自在之物，是世界的本质，决定着万物的发展。

从“意志”出发，叔本华踏上了反对理性主义的道路，他推崇直观，认为理性是从直观引申而来的，理性认识是直观世界的摹写和复制，并非在什么地方都能替代直观。理性可能会产生谬误，但直观最终能达到绝对的真理。

审美直观说

“直观说”是叔本华美学理论的基石，他贬低理性，抬高直观，特别主张审美直观说。

在叔本华看来，理性不能认识世界的本质并认识真理，唯有艺术才是独立于根据律之外的客观实物的一种方式。他认为，美感的观察方式有两种不可分的成分：一是将审美主体视为“纯粹无意志”的主体自意识，而非个体；二是不把审美对象当成个别事物，而当作理念来认识。这种审美直观说，是其美学的核心。

关于审美直观说，叔本华强调：首先，审美直观是超然的、幻觉式的、非功利的，人们可以通过艺术摆脱人生的痛苦；其次，审美直观是“自失”的，所谓“自失”就是审美主体或创作者在接触对象时的忘己境界，主体融入客体，客体融化主体，主客合一；最后，审美直观是非理性的，直观是一种凝神静观，不是纯粹的理性认识。他用主观性的“理念”取代了决定现象的自然力的本质，在直观形式中表现着理念的本质，如浮云飘荡的形象与作为有弹性的蒸气为有冲力的风所推动的本质，流动的溪水之漩涡、波浪等形象与随引力而下的无弹性的透明液体的水的本质等。这种直观说，是叔本华唯意志论的一大特点，也是他独树一帜的地方。

我的哲学令人不快

叔本华的唯意志论，演绎出了悲观主义的人生观。

在叔本华看来，意志是无法遏制的盲目冲动，是永远得不到满足的欲望，而整个人生就是欲望—满足—新的欲望的恶性循环，因此痛苦也是无边无际的，快乐只是永恒的痛苦中的短暂间歇。他说："如果我们的意识还是为我们的意志所充满，如果我们还是听从愿望的摆布，加上愿望中不断的期待和恐惧；如果我们还是欲求的主体，那么，我们就永远得不到持久的幸福，也得不到安宁。"依照叔本华所说，欲望按其实质来说就是痛苦，如果我们对人生进行整体的考察，如果只强调它的最基本的方面，那么它实际上就是一场悲剧。

既然人生就是无尽的欲望，充满了痛苦，那如何从痛苦和悲剧中解脱出来呢？叔本华认为，方法有两种：一是在哲思中达到忘我的境界，求得暂时的解脱；二是禁欲，获得永久的解脱。

通过哲学的沉思，艺术的审美过程和道德的途径，能够使人暂时地忘记欲求，摆脱意志，从苦难中得到暂时的解脱。比如，对某一艺术品进行观审时，我们会摆脱意志，不再感觉到它那不断的欲求的痛苦，这也能在一定程度上缓解痛苦，但它是不彻底、消极的方法。

禁欲就是使一切意欲彻底泯灭，身外之物无所求，无所求即无所缺乏，也就无所痛苦了。叔本华说："随着自愿的否定，意志的放弃……随着意志的取消，意志的整个现象也取消了；末了，这些现象的普遍形式时间和空间，最后的基本形式主体和客体也取消了，没有意志，没有表象，没有世界。"当意志"寂灭"后，一切因意志的冲动而产生的痛苦就同归寂灭了，取而代之的是高于一切理性的心境和平，和宁静不可动摇的自得与怡悦，从而实现人生最高理想，实现永久的解脱。

叔本华赤裸裸地指出了人生痛苦的一面，他说："我的哲学令人不快，因为我说出了真理。"他的哲学影响了后来的一大批哲学家，后来欧洲的悲观主义大多都可从他的哲学中找到根源。

脾气火爆的怪咖

叔本华是哲学圈子里的怪咖之一，他脾气火爆，与世人格格不入，对女性还存在偏见。据说，有一次，他因为邻居在自家门前大声讲话而与之争执，吵嚷了一番之后，多数人都走了，唯独一个女裁缝还坐在走廊里不肯离去，还说了一些蔑视叔本华的话。这可激怒了叔本华，他抓住女裁缝想拉她走，没想到，在纠缠之中，女裁缝不小心摔下了楼梯，造成终身伤残。最后，法院勒令叔本华在女裁缝有生之年每个季度都要支付她十五塔拉作为赔偿。20年后，女裁缝终于死了，叔本华在账本上写下："老妇逝，重负释。"

这个性格怪异孤僻的哲学家，终身未婚，也鲜少与人往来，但唯独有一个人让他另眼相待，这个人就是歌德。只要有歌德出现的地方，叔本华绝不会阴沉着脸，而是毕恭毕敬。歌德对他也颇为欣赏。一天，歌德、叔本华和其他几个年轻人一起聊天，叔本华觉得，聊天的话题太过无聊，听了一会儿之后，忍无可忍的他拔腿走到窗前，开始凝望天空，陷入了沉思。在场的人见此感到有些尴尬，还有人在私底下嘟囔，唯独歌德神情庄重，他说："孩子们，让那个年轻的孤独者单独待会儿吧，不要取笑他，将来有一天他会超过我们所有人。"

★ 普通人只想到如何度过时间，有才能的人设法利用时间。

★ 人生如钟摆，来回摆动于痛苦与倦怠之间。

★ 生命的本质是求生存的意志。

★ 工作价值之衡量，不在于迅速，而在于正确。

★ 人就像寒冬里的刺猬，互相靠得太近，会觉得刺痛；彼此离得太远，却又会感觉寒冷；人必须保持适当的距离过活。

★ 宗教如萤火虫，为了发亮，非要有黑暗不可。

★ 通常所见，快乐常不是我们所希望的快乐，而痛苦则远远超过我们所预计的痛苦。

★ 财富就像海水，饮得越多，渴得越厉害；名望实际上也是如此。

★ 人在一生当中的前四十年，写的是正文，再往后的三十年，则不断地在正文中添加注解。

Lesson
37

路德维希·费尔巴哈
人是人的上帝

德国古典哲学的最后一位大师

路德维希·费尔巴哈（1804—1872）是德国古典哲学最后的一个伟大代表，他出生在巴伐利亚的兰茨胡特，父亲是著名的刑法学家。上文科中学时，费尔巴哈很想做一个神学家，可当他在1823年进入海德堡大学神学系之后，却对神学失望了，因为他发现自己的信仰与理性是冲突的。于是，1824年，他转入柏林大学攻读哲学，师从黑格尔，但很快他又对黑格尔哲学的前提与抽象性质产生了怀疑和不满。

1826年，费尔巴哈转学到埃尔兰根大学，学习了两年心理学与自然科学。1828年，凭借《论唯一的、普遍的和无限的理性》一文，费尔巴哈顺利通过博士答辩，随后留校任教。1830年，他匿名发表了一篇揭露基督教教义虚伪的文章——《论死与不死》，一经问世就遭到了宗教人士的攻击，被查出是作者后，费尔巴哈被迫离开大学讲坛，但他并未放弃学术研究。1834—1841年，他陆续发表了自己的哲学著作，批判了黑格尔的唯心论，重申对基督教的看法。

1848年，德国爆发资产阶级革命，费尔巴哈积极拥护资产阶级民主制，被激进分子视为自由思想的象征，得到了一大批拥护者。除了作一些演讲，他其余的精力全部用于写作。革命失败后，他公开责骂当时欧洲的反动局势。1860年，因为经济拮据，他举家搬迁到纽伦堡，在朋友的帮助下，出版了最后一本书——《上帝、自由和不朽》。1870年，费尔巴哈加入德国社会民主党，因为长期的精力消耗，他于1872年在纽伦堡去世，享年68岁。

人是思维与存在统一的基础和主体

费尔巴哈早期属于青年黑格尔派，但随着其思想的发展，他和唯心主义彻底分裂，站到了唯物主义的立场上。费尔巴哈哲学的基本范畴是以自然为基础的“人”，并用以否定黑格尔的绝对理念和基督教的上帝，阐述自己的社会伦理思想。因此，费尔巴哈的哲学体系也称“人本学”。

费尔巴哈认为，自然是“有形的、物质的、感性的”，其根本是物质的，不以人为转移而永恒存在着。人是自然的产物，唯有把人和自然环境联系起来，才能理解人和解释人；人也只有在与自然的联系中才能理解自己。因此，人是可以认识自然界的。

同时，人是肉体与灵魂相统一的感性实体，是有形体的，这就是人的肉体；而人的精神、思想、情感、意志等，即所谓的灵魂，依赖于肉体，与肉体不可分割地联系在一起，随同肉体而存在、成长、消亡。因而，“思维与存在的统一，只有在将人理解为这个统一的基础和主体的时候，才有意义，才有真理”。

鉴于此，费尔巴哈对人的本质作出了自己的判断，他认为：人是自然的产物；人是以感性为基础的感性与理性的统一体；人不是一个孤独的“自我”或“主体”，任何一个人只有作为人类的一分子才能存在，只有依靠人类才能认识世界。

人是上帝的创造者

费尔巴哈曾说："如果上帝的观念是鸟类创造的，那么上帝一定是长着羽毛的动物；假如牛能绘画，那么它画出来的上帝一定是一头牛。"他的意思是说，"上帝"其实是人类把自己的属性抽象出来，进行夸大和人格化，然后作为一个独立于人又强于人的实体来崇拜。所以，与其说上帝创造了人，不如说是人创造了上帝。

基于这一点，费尔巴哈对基督教进行了批判，说"宗教就是欺骗"。他揭露了基督教的本质，指出人对上帝的崇拜，实则是对人的本质的崇拜；宗教产生的基础，是人的依赖感和利己主义；宗教是科学的死敌，起到了反动社会的作用。

至于人为何要创造出一个上帝，主要是因为物质和恐惧。因为世界有太多不确定的因素，人们无法理解，就会感到害怕，也会进行猜测，想象着是否有某种神奇的力量在操纵它？除了害怕，人们对自然也有感恩，因为自然为人提供了生存的资源和空间。恐惧感与感恩感交织在一起，就使人产生了依赖感，而这正是宗教的基础。

至于为何产生依赖感，叔本华认为，那是出于人的需要。有了需要，就有了占有的欲望。欲望无限，而可实现的欲望是有限的，当矛盾无法解决的时候，人就只好寄希望于某种幻想的力量，希望"上帝"能主持公道，化解矛盾。

简言之，上帝是人的本质的异化，是依赖感的产物，所以我们应该把对上帝的爱变为对人的爱。

“爱”的宗教

费尔巴哈认为，道德是实现幸福的手段，而道德的核心、精髓和基本精神是“爱”。因此，他把自己的伦理学归结为爱的道德，爱也因而成了道德的最高原则。

费尔巴哈说：“存在，就意味着爱自己。”他认为，爱的基础和出发点是自爱，人不可能爱跟自我生存相矛盾的、使自己痛苦的东西，只能爱那些利于自己生存、使自己幸福的东西。同时，要实现自爱，必须有他人的存在，所以人只能在他人的爱中寻求自爱的满足。对此，费尔巴哈得出结论：爱就是既爱自己也爱他人，既使自己幸福，又使他人幸福，爱必须成为道德的最高原则。

在费尔巴哈那里，爱是一个可以创造奇迹的神，能够克服生活中一切阶级对立和冲突，可以医治社会百病。他认为，要铲除世间的不公正，使人过上美好的生活，必须依靠爱。他甚至把爱提高到了宗教的高度，提倡建立爱的宗教。在他看来，人与人之间的各种关系，唯有被认为是一种宗教关系，才会有道德上的意义。

★ 智慧能使人写作，但创造历史的是热忱。

★ 只有爱给你解开不死之谜。

★ 上帝是人造的。

★ 科学是非常爱妒忌的，科学只把最高的恩典赐给专心致志地献身于科学的人。

★ 上帝启示就是一个人的内心与灵魂。

★ 哲学的最高原则是“人与人之间的合一”，是表现在爱里面的合一。

★ 人是人的作品，是文化、历史的产物。

★ 我与你（人）的会合处是上帝。

Lesson
38 卡尔·马克思 哲学可以改变世界

灿若繁星的思想大师

1999年，英国剑桥大学文理学院的教授在校内进行了一次征询推选活动，题为：人类纪元的第二个千年，谁是“千年第一学人”？投票结果显示，马克思位居第一，爱因斯坦位居第二。此后，英国广播公司也将此命题公布于互联网，开展公开征询，一个月后的投票结果显示，位居榜首的依然是马克思。

那么，马克思究竟是怎样的人？他何以得到如此殊荣与敬重呢？下面就让我们近距离地认识一下这位历史上灿若繁星的思想大师。

卡尔·马克思（1818—1883）出生在普鲁士莱茵省特里尔城，父亲是一名律师。受其影响，马克思在1835年进入波恩大学攻读法学，次年又转入柏林大学。尽管他的专业是法学，但他大部分的精力都放在了哲学和历史上。大学期间，他加入了“青年黑格尔派”，吸取了黑格尔的辩证法思想。1841年，马克思获得了哲学博士学位，此时的他，依然坚持黑格尔哲学的唯心主义。

自1842年起，马克思开始为《莱茵报》撰稿，同年迁居科伦，并担任该报的主编。在政治上，他是一个革命民主主义者，为了表明自己的立场和观点，他在《莱茵报》上发表了一系列的文章，痛斥普鲁士贵族对农民的压迫，捍卫农民的利益。结果，《莱茵报》在1843年遭到了普鲁士当局的封杀。为了不向当局者妥协，马克思果断退出了编辑部，并迁居法国巴黎。

在巴黎，马克思加入了法国工人集会，了解了工人阶级的斗争状况。此时，他的哲学思想开始从唯心主义转向唯物主义，并从一个革命民主主义者转为共产主义者。不久，他结识了流亡在法国的各国革命家，并在巴黎第二次会见了恩格斯，此后两人并肩齐驱，合写了第一本著作《神圣家族》，批判了“青年黑格尔派”的唯心主义哲学。

法国政府不可能容纳马克思这样的“危险分子”，不久他就被驱逐出境，迁居到比利时的布鲁塞尔。1846年，马克思与恩格斯在那里建立了“共产主义者同盟”，1848年起草了《共产党宣言》。二月革命爆发后，马克思被比利时当局驱逐出境，重返巴黎，后又回到普鲁士。他主编的《新莱茵报》在科伦发行，因打击封建势力，结果再次被驱逐出境。此后，他在英国伦敦定居。

19世纪50年代对马克思来说，是其一生中最艰难的时刻，生活贫困，形形色色的敌人对他进行攻击诽谤，所有的报刊都对他关上了大门，可他并未被现实击垮，而是选择继续战斗。他在大英博物馆攻读政治经济文献，致力于经济学研究，为无产阶级锻造理论武器。在他撰写政治学和经济学的日子里，恩格斯在经济上无条件地支持着他。

反动政府的迫害，艰难的物质生活，繁重的工作和紧张的战斗，消耗了马克思巨大的精力和体力，他的身体状况也愈来愈差。晚年时期，他饱受病痛的折磨。1883年，这个伟大的思想家永远地离开了这个世界，与妻子燕妮合葬在伦敦的海格特公墓。

辩证唯物主义

马克思在哲学方面的最大贡献，就是将实践概念引入哲学，使得哲学与现代无产阶级的解放联系起来，导致了唯物史观的产生。马克思自称唯物主义者，但他与18世纪的唯物主义者不同，受黑格尔哲学的影响，他将自己的唯物主义称之为“辩证唯物主义”。

辩证唯物主义是把唯物主义与辩证法有机地统一起来的科学世界观，是唯物主义的高级形式。它承认世界在本质上是物质的，物质是第一性的，意识是第二性的，意识是高度发展的物质，即人脑的机能，是客观物质世界在人脑中的反映。同时，辩证唯物主义认为，物质世界按照其本身所固有的规律运动、变化和发展，指出事物都是一分为二的，揭示了事物发展的根本原因在于事物内部的矛盾性，矛盾双方既统一又斗争，促使事物不断由低级向高级发展。因此，事物的矛盾规律就是对立统一的规律，也是物质世界变化、发展的最根本规律。

在认识论方面，辩证唯物主义辩证地解决了人的认识的内容、来源和发展过程的问题，它认为：物质可转化为精神，精神也可转化为物质，这种主观与客观辩证统一的实现必须通过实践。因此，辩证唯物主义认识论的基本观点就是实践。认识源自于实践，又服务于实践，实践—认识—再实践—再认识不断循环，这就是人们正确认识世界和能动地改造世界的过程。

同时，马克思哲学对人类的本性进行了追溯，在他看来，“人性是人自己在历史发展的过程之中制造出来的”，人有自我意识，当他发现世界与之对立时，就着手改造世界，进行某种生产活动，使世界成为人的世界，在此过程中也塑造了人性。因而，马克思将哲学视为人类思想的解放，是无产阶级挑战当时社会制度的精神武器，唯有在正确的哲学思想的指导下，广大的无产阶级才能脱离矛盾社会的恶性循环，最终获得解放。

共产主义的理想

马克思年轻时，对犹太教与基督教的传统很熟悉，知道“救世主”的观念对人的影响甚大。为此，他提出了与之性质类似的“共产主义”。

所谓共产主义，就是扬弃了私有财产的积极表现，是人类与自然、人类与人类的矛盾对立的真正化解，是自由与必然性之间争斗的真正消除。马克思将共产主义概括为三种形态：

其一，粗鄙的、无思想的共产主义，这是共产主义最初的形式。在这种形式里，社会中的每一个人都变成了工人，为了占有私有财产，每个人都必须去劳动。这里的“共产”仅仅是共同占有私有财产，或者是把私有财产给平均化。

其二，民主或专制的、具有政治性质，同时又是废除国家的未完成的共产主义。这种“共产主义”已经认识到私有财产不过是人身的异化，但并未从人的立场去看待私有财产，也不清楚当具备怎样的人的本性，因而还受着私有财产的束缚。

其三，完成了自然主义和人道主义的共产主义。这种“共产主义”，是人与自然界之间、人与人之间矛盾的真正解决，是存在和本质、对象化和自我确证、自由和必然、个体和人类之间斗争的真正解决。

马克思主义对20世纪的哲学产生了重大影响，它向人们昭示出一点：哲学家可以切入现实生活，而非只懂得关在象牙塔里沉思。

马克思与燕妮：悲惨的甜蜜

马克思的妻子燕妮，是他儿时的邻居，长他 4 岁。燕妮出生在德国的一个贵族之家，从小接受了良好的教育，也是特利尔最美丽的姑娘，许多英俊贵族青年都为之倾倒。她原本可以缔结一门荣华富贵的婚姻，但她却蔑视封建社会和资产阶级社会的一切传统观念。21岁那年，她瞒着父母与17岁的马克思私订了终身。在当时那个年代，这样的事情是前所未有的。

1836年，马克思从波恩大学转到柏林大学读书，这意味着他们要分离并等待对方很长一段时间。在苦等了七八年之后，他们才于1843年正式结婚，期间只见过几次面，联系只能通过书信。婚礼举行后，马克思和燕妮进行了一次短途旅行，之后他们就去了巴黎。至此，他们拉开了充满困苦和自我牺牲的生活序幕。

马克思对地主、资产阶级进行了无情的揭露和批判，这也使得他遭到了反动势力的诅咒和驱逐，燕妮与他四处转移，生活很是艰难。马克思与燕妮共生育了七个孩子，但只有三个女儿活了下来。即便在这样的情况下，燕妮依然深爱着马克思。她不仅为了家庭生活操心，还协助马克思完成他的事业。马克思的手稿很难辨认，在送去印刷厂或出版社之前，几乎都是燕妮整理的，后续的一些出版事宜，也是燕妮来代办的。

到了晚年时，他们之间的感情更加深厚。1880年，燕妮患了肝癌，她以惊人的毅力与疼痛抗争。在那胆战心惊的岁月里，马克思悉心照料燕妮，不离左右，还陪她到法国看望了大女儿和外孙。1881年，马克思因为常年劳累也病倒了，他患的是肺炎，有生命危险，但他依然不忘燕妮。在提及他们的暮年生活时，马克思的小女儿说："我永远也忘不了那天早晨的情景。他觉得自己好多了，已经走得动，能到母亲房间里去了。他们在一起又都成了年轻人，好似一对正在开始共同生活的热恋着的青年男女，而不像一个病魔缠身的老翁和一个弥留的老妇，不像是即将永别的人。"

1881年12月2日，燕妮永远地离开了，马克思悲痛不已。在燕妮去世后的几个月，马克思接受医生的劝告，到气候温和的地方休养，可是无论走到哪儿，他的心里始终装着燕妮和悲痛。他曾经在给知己的信中这样写道：“顺便提一句，你知道，很少有人比我更反对伤感的了。但是如果不承认我时刻在怀念我的妻子——她同我的一生中最美好的一切是分不开的——那就是我在骗人。”

1883年3月14日中午，马克思安详地、毫无痛苦地与世长辞了。三天后，他被安葬在海格特公墓燕妮坟墓的旁边，与他心爱的妻子永远地在一起了。

马克思与恩格斯：伟大的友谊

对于马克思与恩格斯之间的友谊，列宁曾经这样评价：“古老的传说中有各种各样非常动人的友谊故事，后来的欧洲无产阶级可以说，它的科学是由两位学者和战友创造的。他们的关系超过了古人关于人类友谊的一切最动人的传说。”

1842年，马克思与恩格斯第一次见面。1844年，马克思去了巴黎，恩格斯特意拜访了他，两人在一起相处了10天，倾心交谈后发现，两人在一切重大问题上的观点完全一致，可谓是“志同道合”。这一次的见面，为他们成为终身的朋友及战友奠定了基础。此后，他们在政治风浪中团结战斗，在科学研究中相互切磋，在坎坷的人生道路上相互鼓励，一起合作了40年。

真正的朋友不会因距离而疏远，因为心灵与精神永远连接在一起。因为革命斗争的需要，马克思与恩格斯曾经身处两地近20年，可他们几乎每天都会通信，谈论政治与科学的问题，一起指导着各国的无产阶级革命运动，两人思想上的共振从未消失。

马克思钦佩恩格斯的才能，说自己总是踏着恩格斯的脚印走；恩格斯对马克思也格外欣赏，说他的才能远超过自己。在马克思经济最为困难的时候，恩格斯每个月，甚至每个星期，都会给他寄来零零碎碎的汇票。为了援助马克思，恩格斯甚至卖了公司的合伙股权，每年赠给马克思350英镑。这些钱加起来，超过了恩格斯的家庭开支。

1867年9月14日，马克思与恩格斯友谊的结晶《资本论》的第一卷在德国汉堡正式出版，这是在整个国际工人运动中最具意义的一件事。马克思说，若没有恩格斯对自己所做的牺牲，自己根本无法完成这本巨著。

在马克思病重期间，他曾告诉知己说，希望恩格斯能够为他尚未出版的《资本论》第二卷和第三卷“做出点什么”。其实，就算马克思没有这样说，恩格斯也会去做的。从1883年马克思逝世时起，整整十年，恩格斯放下自己的工作，对《资本论》的后两卷进行整理、完善和出版。

因为志同道合，马克思与恩格斯成了朋友；因为成了朋友，他们在对方最需要协助的时候挺身而出，为了共同的事业而奋斗。他们的友谊和事业，都是人类史上最伟大的、最值得称赞的。

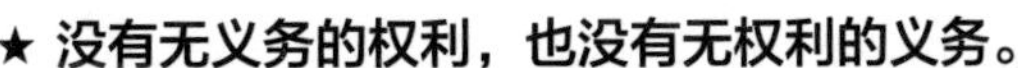

★ 没有无义务的权利，也没有无权利的义务。

★ 历史认为那些专为公共谋福利从而自己也高尚起来的人物是伟大的。经验证明，能使大多数人得到幸福的人，他本身也是最幸福的。

★ 人创造环境，同样环境也创造人。

★ 哲学家们只是用不同的方式解释世界，而问题在于改变世界。

★ 所谓人文主义，就是肯定人的尊严。

★ 生命真正的目的是发展人的力量。

★ 哲学并不要求人们信仰它的结论，而只要求检验疑团。

★ 在民主的国家里，法律就是国王；在专制的国家里，国王就是法律。

Lesson
39

索伦·克尔凯郭尔
孤独的信仰

没有人比他更孤独

一百多年前，他写下了这样一段话——

“我只有一个朋友，那就是回音。为什么它是我的朋友？因为我爱自己的悲哀，回音不会把它从我这里夺走。我只有一个知己，那就是黑夜的宁静。为什么它是我的知己？因为它保持着沉默。”

把回音当朋友，把宁静当知己，字里行间都透着一股忧郁而神秘的味道。这是一个哲学家的心声，也是一个诗人的感言。现在，就让我们一起走近这位孤独的沉思者——索伦·克尔凯郭尔。

克尔凯郭尔（1813—1855）出生在童话之国丹麦，全家笃信基督教。父亲出身贫寒，后靠经营羊毛生意发家，歇业在家。他因早年诅咒过上帝和强暴过家中的女佣而自认有罪，终日惶恐不安。后来，他的妻子及五个子女都先他而逝，他更坚信这是报应，是上帝使他领受痛苦与孤独。在这样的阴暗氛围中成长，克尔凯郭尔也不免受到了影响。他生下来驼背跛足，体弱多病，尽管天资聪慧，但他依然认为自己是一个孤独的“例外”，因此性格孤僻，与其父亲一样都为有罪和受罚的宗教情感所支配。他坚信自己有两个原罪，死后会下地狱，因此他的整个生活都是悲观的。为了掩饰内心深处的忧郁，他故意以一副轻浮放荡的形象示人。

1830年，克尔凯郭尔进入哥本哈根大学，攻读神学。在此期间，他阅读了大量的哲学和文学作品，对戏剧和音乐也产生了浓厚的兴趣。只是，那恐惧和忧郁的影子始终纠缠着他，并没有让他摆脱悲观颓废的状态。1838年，他的父亲去世了，原本他可以开始新的生活，并感受爱情的甜蜜。可当他与对方订婚后不久，又被悲观情绪支配了，他认为在上帝与婚姻之间只能选择其一。就这样，他解除了婚姻，从此变得更加孤僻，心理状态也愈发不正常，甚至到了疯狂的地步。

又是那句话：不疯魔，不哲学。在这种状态下，克尔凯郭尔潜心研究哲学和文学，以此来排解苦闷的愁绪。1841年，他完成了硕士论文，并去柏林上学，听过谢林和黑格尔的讲座。德国观念论的课程，把一切都推向了真善美的境界，却没有谈及人性以及具体人生的所有苦闷和痛苦的问题，而这些才是克尔凯郭尔真正想知道的东西。

1842年，克尔凯郭尔回到哥本哈根，开始探求现实世界的人生哲学。他没有谋求任何工作，好在父亲给他留下了巨额的遗产，足以支撑他的生活。到1846年为止，他完成了人生中最主要的哲学著作：《非此即彼》《畏惧与战栗》《恐惧的概念》等等。

再后来，他把所有的精力都转向宗教领域，写下了众多关于宗教的论著。他在自己创办的期刊上公开发表反抗丹麦的官方教的文章，与丹麦政府水火不容。当他带着杂志最后一期去复印时，他昏倒在街头，后被送往医院。他拒绝教会牧师的圣餐，于数周后离世，年仅42岁。

克尔凯郭尔一生几乎没有朋友，他对外界永远持敌对的姿态。他一个人默默地品味着孤独，并把孤独视为一种选择、一种享受。正是这种特殊的性格，让他更多地去思考个体的存在，因而发展出了自己的创见。

每个人都是孤独的个体

19世纪，黑格尔哲学正盛行，但克尔凯郭尔却认为，黑格尔哲学是用思想整体来牺牲个人的哲学，是对人的地位与尊严的蔑视。在他看来，哲学家最应探讨的是现实中的人生问题，在此基础上，他创造出了对自己关心的哲学——存在哲学。

个体，是克尔凯郭尔存在哲学的基点。他认为，人都具备自己独特的个性，都是一个与其他一切存在物不同的独特的主体。每个人所面对的世界都是他个人所体验到的世界，不同于他人体验的世界。换而言之就是，你有你的世界，我有我的世界。所以，只有从每一个独特的个体出发，才可能了解这个人本身及其所关联的世界。他曾说："忘记想到自己是一个生活着的个人，就绝不能解释生活。他不过是为了成为一本书或某个客观事物，而试图不再成为其他人。"

从上述观点出发，克尔凯郭尔得出结论：即使存在着客观世界，存在着客观真理，人们也无法认识。人们所认识的只能是个人的世界，所掌握的真理也只是相对每个个人的真理，是主观的。总而言之，全部哲学的出发点只能是个人。

每一个人都是孤独的个体，有着独特的情感，它们无法用语言来表达，也无法用逻辑来论证，更不能被真理所掌握，只能靠个人内在的主观体验才能领会。这就好比，作家能够描绘出一种爱情，但无法描绘出爱情的内蕴，只有恋爱的人才能够领会。因此，克尔凯郭尔强调，个人存在"不可能用抽象的语言来表达"。

你怎样信仰，你就怎样生活

在克尔凯郭尔的哲学中，人生有三个阶段：

审美阶段。在这一阶段，个人沉溺于感性的享乐生活，没有道德责任感，充满了混乱、堕落的行径，此时此刻的享乐就是一切。这一阶段的人没有信念，也没有普遍的原则与规范，这种生活最终会因为不能长久满足或是满足后的空虚和厌倦使人痛苦、绝望，促使人去追求另一种较高的生活方式，这便进入了道德阶段。

道德阶段。这一阶段，个人的生活受理性支配，能够克制暂时的情欲，把个人的欲望与社会义务结合起来，遵守普遍的道德准则与义务，趋善避恶，崇尚理想，乃至为了理想牺牲自我。但这一阶段仍然存在矛盾，个人总不能摆脱世俗的感性的生活，容易因为诱惑而忘记道德义务，当二者发生冲突时，伦理的人会产生负罪感。依靠伦理无法解决有罪的问题，因而只能忏悔，这就进入了宗教阶段。

宗教阶段。这一阶段，个人不再追求审美阶段的享乐，摆脱了世俗的、物质的东西的束缚，也不再崇尚道德阶段的理性，摆脱了道德原则与义务的制约。人，仅仅是作为他自己而存在的，他所面对的只有上帝。人只有在宗教阶段才能达到真正的存在，因此，人生的道路就是走向上帝的道路。

可见，克尔凯郭尔提出的三个阶段，是由低级到高级的上升过程。然而，他并不认为每一个人的生活道路都要依次经历这三个阶段，这只是三种可供选择的可能性，各人的选择可以有差异。有时，三种阶段可以重叠交错，因为只有少数人才能达到第三阶段。

克尔凯郭尔并未告诉人们该如何生活，但他给出了基础性的选项，描绘了选择所涵盖的东西，指导着人们去寻找各自的道路，这也正是其哲学的伟大之处。

★ 绝望是致死之疾。

★ 你怎样信仰，你就怎样生活。

★ 人最容易忘记的是自己。

★ 存在是选择成为自己的可能性。

★ 真理是一个人愿意为它而活、为它而死的理念。

★ 某一事物对人而言是否真理，取决于人是否能以充分的热情视之为“个人的真理”。

Lesson

40

弗里德里希·尼采
上帝死了

一半天才，一半疯子

曾有人说：“所有通向哲学之路的人都要经过一座桥，这座桥的名字叫伊曼纽尔·康德，这座桥通向了古典哲学。所有通向哲学之路的人还要翻过一座山，这座山的名字叫弗里德里希·尼采。翻过这座山，就会邂逅现代主义或者后现代主义哲学。”

尼采（1844—1900），德国著名哲学家，西方现代哲学的开创者。他出生在德国的一个乡村牧师家庭，父亲曾是威廉四世的宫廷教师。1849年，尼采的父亲因病去世，数月后他的弟弟又夭折。5岁的尼采，接连遭遇亲人的离世，幼小的心灵受到了刺激，使得他变得内向忧郁。他曾在回忆录里说：“在我早年的生涯里，我已经见过许多悲痛和苦难，所以全然不像孩子那样天真烂漫、无忧无虑……”

父亲去世后，尼采随母亲迁居瑙姆堡，但他从未忘记父亲，并希望将来也成为一名牧师。成长在一个完全女性的家庭里，尼采被惯得脆弱敏感，时常会感觉人生无常。他10岁进入瑙姆堡文科中学，14岁进入普夫达中学，此时音乐和诗歌是他的精神寄托。20岁那年，他进入波恩大学攻读神学和古典语言学，后跟随古典语言老师一起去了莱比锡大学。

在莱比锡期间，尼采接触到了叔本华的著作，并沉浸其中。他觉得，叔本华就是自己的“知己”。24岁时，尼采被瑞士巴塞尔大学聘为古典语言学教授。此后的十年，是尼采生命中比较快乐的时期，他结识了许多朋友，并获得了瑞士国籍。因为在巴塞尔大学的一篇就职演说，他成了巴塞尔学术界的翘楚，并被聘为正教授。

普法战争爆发后，尼采要求上前线，由此体会到了“生命意志”。1872年，他发表了《悲剧的诞生》，接下来的几年，他又先后发表了四篇长文。1879年，他辞去巴塞尔大学教授一职，开始游历生涯，并进入创作的黄金期，无奈许多思想并未被人理解。

1889年，尼采在都灵大街上抱住一匹正在受马夫虐待的马的脖子，最终失去了理智。数日后，他的朋友把他带回了柏林。在生命的最后十年里，他先是住在耶拿的精神病院，后跟随母亲生活；待母亲去世后，又与妹妹一同生活。家庭始终是他的避风港，家里的几位女性给了他无微不至的关怀，尽量满足他的要求。但是，为了自己崇高的理想，尼采放弃了这一切，他像一个苦行僧般在动荡的世界里漂泊着，沉思冥想。

1900年8月25日，这位生不逢时的思想天才在魏玛与世长辞，享年56岁。

生命本身就是权力意志

尼采曾经宣称：“真正的哲学家只有在死后才会诞生。”就在他撒手人寰后不久，他的学说和惊世骇俗的口号不胫而走，从欧洲第一个评说尼采思想的丹麦文学家乔治·勃兰兑斯，到德国存在主义卡尔·雅斯贝尔斯，都裹挟其中，难以自拔。

尼采和叔本华一样，认为世界的本质是意志，但他所说的“意志”不同于叔本华的“生命意志”，而是“权力意志”，他说：“生物所追求的首先是释放自己的力量——生命本身就是权力意志。”

所谓“权力意志”，是一种具有支配作用的强大力量，是强大生命力对弱小生命力的控制与侵吞，一切生物、自然事物和过程的本质都是权力意志。对人而言，追求食物的意志、追求财富的意志，追求奴仆的意识，都是权力意志的表现；对生物而言，有机体摄取营养也是“权力意志”去侵占和吞噬环境；物理中的引力与斥力，化学中的分解与化合，依然是“权力意志”的侵占与征服。因此，尼采宣称：“这个世界就是权力意志——岂有他哉！”

以这一观点为基础，尼采抨击了理性主义和基督教传统道德文化，他提出了“重新评估一切价值”的口号，并号称“上帝死了”。他的意思很明显，就是要颠覆传统文化。从前，“上帝”为人们的生活提出目标，赋予意义，而今“上帝死了”，基督教的信仰崩溃了，人的生活不再受上帝的束缚，人自由了，人变成了自己的上帝，可以自己做决定，自己对自己负责。在没有上帝的世界里，一切价值都由人自己建立。

尼采认为，传统的价值都是对权力意志的否定和压制，基督教所宣扬的思想让人变得懦弱无力，这是弱者为了限制强者的诡计。他把达尔文的生存竞争说引入到自己的哲学中，声称生命就是权力意志，就是弱肉强食，就是要通过淘汰弱者来实现进化。

因此，尼采得出结论：“权力意志”既是摧毁过去一切价值的标准，也是建立新的价值体系的基础。可惜的是，“权力意志”无法为全人类提供一个统一的生活目标。鉴于此，尼采又提出了他的“超人哲学”。

超人：我心中的新上帝

在尼采看来，正如必须重新创造一种新的价值体系来挽救人类道德的堕落一样，必须要有一个“超人”来挽救人类自身可悲的退化。这个“超人”，就是用新的世界观、人生观构建新的价值体系的人。

“超人”应当具备如下特征：他是超越自身、超越弱者的人，能够充分表现自己、主宰平庸之辈；超出善恶观念之上，不受良心的谴责；他是真理与道德的化身，是规范与价值的创造者和占有者；他绝对自由、自足而又自私；能够忍受痛苦的折磨，又能在折磨中崛起。

如何才能创造出“超人”呢？尼采指出：超人的成长需要险恶的环境，环境越恶劣，超人越有可能出现，这就如同参天大树必须经历暴风雨的洗礼。在尼采看来，只有少数勇敢者，创造者，权力意志数量多、质量高者，才有可能成为超人。历史上或现实中，还没有出现过超人，他也没有把自己视为超人，他只是意识到了人类的颓废与孱弱，认为人类也将为超人所超越。

★ 许多真理都是以笑话的形式讲出来的。

★ 人类的生命，并不能以时间长短来衡量，心中充满爱时，刹那即永恒。

★ 哲学家的爱是文化的医生。

★ 那些没有消灭你的东西，会使你变得更强壮。

★ 谁要学习飞翔，必须先学习站立、奔跑、跳跃和舞蹈：人无法从飞翔中学会飞翔！

★ 何为生？生就是不断把濒临死亡的威胁从自己身边抛开。

Lesson 41 埃德蒙德·胡塞尔 关于现象的学问

西方现象学奠基人

埃德蒙德·胡塞尔（1859—1938）出生在德国一个经商的犹太人家庭。1876年，他进入莱比锡大学，期间他经常去听哲学家威廉·冯特的讲座。1881年，他进入维也纳大学，两年后获得哲学博士学位。后来，他听了弗兰兹·布伦塔诺的课，其中休谟、密尔的哲学内容对他产生了深远影响，在布伦塔诺的建议下，他去了哈勒大学。

1886年，胡塞尔给心理学家卡尔·斯通普夫做助手，在他的指导下，胡塞尔写下了自己的第一部著作《算术哲学》，紧接着又发表了《逻辑研究》。同年，他接到哥廷根大学的聘书，到那里担任教授。在哥根廷大学的16年间，他写了一系列的著作，发展了他的现象学概念。1933以后，胡塞尔被禁止参加学术活动，因为他是犹太人。后来，南加利福尼亚大学邀请他去做教授，他拒绝了。

1938年，在经历了几个月的病痛折磨后，胡塞尔因胸膜炎离开了人世，享年79岁。

胡塞尔的一生，是典型的德国学院哲学家的一生，就像哈德格尔曾经对亚里士多德所做的描述一样："他生出来，他工作，他死了。"胡塞尔将哲学视如生命，对哲学充满了献身精神，他也为建立自己心中严格科学的哲学倾注了毕生的精力，他自称是一个哲学的“永远的”探索者和漫游者。

现象学：回到事情本身

在胡塞尔看来，哲学从一开始就想成为一门严格的科学，只可惜并未找到一个真正严格的起点，先前的哲学家们未能真正摆脱“自然主义”的思想方式，使得认识与思考处于某种前提规定的框架中，缺少一种体验和反思的彻底性。胡塞尔认为，现象是科学的前提，哲学要以事物本身或现象为对象，鉴于此，他提出了自己独特的现象学。

现象学，简单解释，就是研究现象的学问。历来的哲学家一直研究事物的本质，把现象看成表面的、变化的事物，胡塞尔却认为，这实际上是对现象的简化、还原，忽视了现象的丰富性和复杂性。因此，现象学不承认那些独立于现象之外的本质，而是认为本质就在现象中，本质不是通过抽象思考得到的，而是“看”到的。这里的“看”不是通常意义上的视觉的看，而是现象学的“看”。

要如何学习现象学的“看”呢?

受布伦塔诺的意识意向性学说的影响，胡塞尔提出了一套描述现象学的方法，即“本质还原法”，在最直接显现的东西未得到澄清之前，不得设定任何间接的东西，让对象自行呈现，避开唯心论的困扰。就其作为方法来说，胡塞尔提出了三种：

其一，描述法。在运用这个方法时，首先要将现象与外在世界之间的一切联系都存而不论，其次要通过意识使现象的本质为人所见，最后从各个侧面、各个角度去“描述”该对象，使其“本质”得以呈现。简而言之，若想分辨一样东西，先不要认定它是什么，而是先进行一个客观的描写，把被描写的对象直观地凸显出来，周边的东西暂时进行悬搁，一样一样地排除。需要注意的是：这种“描述”依据的是“自由想象法”。

其二，自由想象法。运用此方法时，可先举例，然后增加或减少描述的修饰语，使描述改变。在增减修饰语时，一定要反复追问，修订后的描绘是否还能被视为同一类对象的例子？最终，就会发现该对象必要的和不变的特性，从而了解它的本质。简而言之，就是追问“如果少了某项特色，这个事物还是它本身吗”？

其三，地平线法。地平线的英文可翻译成“视野”或“视域”。人看任何事物都有视域，这个视域就是我们所能见到的世界。比如，走在原野上，看到远处有一个事物，你并不知道它是什么，于是继续往前走。直到你走到了一个临界点，在那一瞬间才知道它究竟是什么，在未确定之前，你一点把握也没有。人的认知亦如是，都是从模糊到明显，这其中存在一个临界点，必须到了临界点，才能发现事物的本质。

胡塞尔创造了现象学，掀起了20世纪一场声势浩大的哲学运动，他揭示了一种全新的哲学思考方法的可能，因而获得了“现代哲学之父”的雅号。

★ 哲学必须建构为一门严格的学问。

★ 意义乃是一种心灵的意向。

★ “真”不在于此判断的文字或声音，也不在于它的影像。

★ 婚姻的黄金时代，不在婚礼行过之后，而在婚前恋爱时期。

★ “拥有对象本身”的经验，称为明证。

★ 意识不是在心内的意识，而是“由内而外”的动态作用，必定指向某物。

★ 必须先对对象有所认识，然后才能认清它的本质是什么。

Lesson 42 亨利·柏格森 一切皆绵延

生命哲学家

他是一个带有犹太血统的法国哲学家，曾经获得过诺贝尔文学奖，他的传记作家拉·特拉科夫斯基曾说，几乎没有一个当代哲学家敢夸耀自己完全没有受到他的影响，他的存在不会从我们的文明中消失。他，就是亨利·柏格森。

柏格森（1859—1941）出生在法国巴黎，父母均带有犹太人的血统。出生后不久，他跟父母迁往伦敦，9岁时又重回巴黎，后进入孔多塞中学读书。19岁那年，他中学毕业，进入巴黎高等师范学校文学系，三年后毕业获得文科硕士和“哲学教师资格证书”，之后他做了一名中学教师。

1889年，柏格森发表了自己的第一部哲学专著《时间与自由意志》，并获得了博士学位。1896年，他出版了第二部哲学论著《物质与记忆》，名声大噪。1897年，他被巴黎高等师范学院聘为哲学教授。1900年，他进入法兰西学院担任教授。1907年，他出版了《创造进化论》，全面阐述了他的生命哲学体系，引起了强烈的反响，许多人都慕名而来听他的讲座，法国一度掀起了“柏格森热”。1914年，他当选为道德与政治科学院年度主席和法兰西科学院院士。1928年，柏格森凭借《创造进化论》一书获得诺贝尔文学奖，这在西方哲学史上是很少见的。

此后，柏格森的身体状况愈来愈差，卧床不起，他辞掉了所有职务。二战爆发后，柏格森反对纳粹政权对犹太人的迫害，拒绝与侵法德军合作。1941年1月4日，这位伟大的思想家因病在巴黎去世，享年82岁。

永动不息的“生命之流”

1884年暮春时节的一个黄昏，25岁的柏格森到克勒蒙菲城郊散步，那里地处高原，漫山遍野长着高大的树木，西天的晚霞在空中铺散开来，远处的卢瓦尔河的支流奔腾不息。站在高处的柏格森，望着眼前奔流的河水、摇曳的树木和飘逝的晚霞，突然对时光的流逝产生了奇妙的感觉。这个感觉，促使他写出了自己的第一部著作《时间与自由意志》。从这部著作开始，他发展了一个以“绵延”为核心概念的庞大的直觉主义的生命哲学体系。

柏格森认为，生命不是物质，而是一种盲目的、非理性的、永动不息、不知疲惫的生命冲动。这种冲动变化是在时间上永不间歇地自发地流逝，故而称为“绵延”或“生命之流”；因为它像一条永动不息的意识长河，故而又称为“意识流”。

柏格森所说的“绵延”，大致具备如下特征：（1）绝对的连续性。（2）完全性质式的，不可测量。（3）没有广延性，与空间无关，只在时间上进展。（4）自由的，随机、自然、无所拘束。因而，“绵延”就是在时间中运行不息的生命冲动，是真正的时间，是发展中的自我。人们无法通过理智把握“延绵”，只能运用直觉，这就引出了“直觉主义”。

用直觉去认识世界的本质

柏格森认为，世界的本质是生生不息、运动不止的“绵延”或“生命之流”，科学和理智只能认识物质世界，认识假象，获得暂时的相对真理，唯有直觉才能把握或认识世界的本质。

那么，何谓直觉?

柏格森给出的回答是：“一种理智的交融，这种交融使人们自己置身于对象之内，以便与其中独特的、从而是无法表达的东西相符合。”简单来说就是，直接进入事物内部与事物保持同一时所获得的对事物的认识。这一点在对运动事物的认识中最突出，如果不是与运动的事物融为一体，亲身体会运动，那就无法对运动有一个真切的了解，我们了解的只能是运动物体经过一点到另一点，在这两点间还有许多的点，单一的运动被分析成了一个复杂的东西，最终我们还是无法把握运动。

直觉作为一种认识方式，它的实现需要以下几个条件：（1）与外部有广泛的接触，获取主观感受。（2）充分发挥想象力，体验实在的真谛。（3）超越理智的审美态度。以艺术创造为例，要创作一篇文学作品，必须熟悉主题，从生活中收集素材，寻找灵感；然后，物我相融，留意对象的流变引起的主观感受，用自己的作品去表现这些感受。

柏格森的直觉主义，在本质上是反理性的，但它对后来的人本主义思潮各流派产生了巨大的影响，对当前科学主义思潮中的一些流派也有明显的影响。

封闭社会与开放社会

以生命哲学理论为基础，柏格森进一步阐述了他的社会观。柏格森把人类社会分为两种：一种是封闭社会，另一种是开放社会。

封闭社会，是低级的社会，是由人们生物上的共同性而结合的社会，它把人们封闭在部落、城市和国家之内，受道德规范、宗教教条和法制的制约，以此保证自我的联合。事实上，柏格森说的这种封闭社会，指的是封建社会和社会主义社会，他认为社会主义社会剥夺了人的个性自由，使人丧失了自己的本性。而开放社会，是高级的社会，由直接体验到生命之流并直接和上帝接触的个人组合的社会。这个社会中的个人有绝对的意志自由，不受任何条条框框的约束。当前西方的资本主义社会，就属于这种社会。

在柏格森看来，对人类社会发展起重大作用的不是科学家，而是文学艺术家、哲学家和政治家，因为科学只是对物的认识，而文艺、哲学和政治的创造才体现了宇宙的生命冲动。

★ 生命的本质在于创新。

★ 思考时，要像行动者那么敏捷；行动时，要像思考者那么稳重。

★ 虚荣心很难说是一种恶行，然而一切恶行都围绕虚荣心而生，都不过是满足虚荣心的手段。

★ 我们是自己生命的工匠，亦是自己生命的艺术家。

★ 物质有时而穷，精神越用越多。

★ 秩序之外有混乱，进步之外有进步。

Lesson 43 阿弗烈·诺夫·怀特海 过程与实在

过程哲学的创始人

阿弗烈·诺夫·怀特海（1861—1947）出生在英国的肯特郡，祖父是当地很有声望的教育家，21岁就担任了私立学校的校长，他的父亲在25岁时继承了其父的校长职位。可以说，怀特海出生在一个教育之家。

1875年，怀特海离开家乡，到多塞特郡的舍伯恩学校上学。1880年，他进入剑桥大学三一学院，攻读数学。这期间，他对文学、宗教、政治和哲学产生了浓厚的兴趣。怀特海曾在自传里回忆，当时的他几乎可以背诵康德《纯粹理性批判》的部分章节，但后来全都忘记了，因为他对它不再感兴趣。他也曾读过黑格尔关于数学的一些评论，但他认为，黑格尔的观点纯属是胡言乱语。

1885年，怀特海从三一学院毕业，留校任教。直到1910年，他才离开剑桥，迁往伦敦。1911—1914年，他在伦敦大学担任过许多职务。1914—1924年，他在肯辛顿帝国科技学院担任数学教授。在这段时间里，他的兴趣从数学转向了自然科学，尤其是物理学中的哲学问题。1914年，他在巴黎的数理逻辑家的会议上宣读了《空间的相对论》一文，这篇文章标志着他的兴趣已经转向了科学哲学。随后的几年里，他又发表了三篇论文，从哲学观点探讨时空的相对性问题，并出版了三本有关科学哲学方面的著作。

1924年，怀特海离开英国，到美国哈佛大学担任哲学教授。他在哈佛任教13年，退休后仍然住在坎布里奇市。这期间，他着重研究思辨哲学，发表了他一生中最重要的基本哲学著作，其中最具代表性的就是《过程和实在》，这本书奠定了他的“过程哲学”的理论基础。

1947年12月30日，怀特海在哈佛大学校园逝世。

过程哲学

有人把怀特海的过程哲学比喻成一只正在蜕皮的蝉，它的问题、探索过程和发展方向概括地表现了西方哲学在20世纪所走过的历程和进一步的探索趋势。

古代朴素唯物主义和近代机械唯物主义，都是以世界由某种物质实体构成这一基础为前提。然而，怀特海的过程哲学否定了旧唯物主义实体观，以全部现实存在都是相互关联的为基点，认为世界本质上是一个不断生成的动态过程，事物的存在就是它的生成。

怀特海反对所谓的“自然界的两分法”，他认为，自然与生命的分开是无法被理解的，只有两者的融合才能构成真正的存在。在人的主观感觉之外，不存在任何真实的、独立的存在，物质与精神不是相互独立的两个实体，而是内在关联的，统一于现实的存在过程之中。

怀特海还强调，存在物从主观性上永远消失，在客观性上却是不朽的。消失中的现实性得到了客观性，同时却失去了其主观的直接性。最明显的例子就是，那些已经去世的伟人们，作为直接的主体他们已经死去，但作为客体却始终存在，他们永垂不朽的精神依然能够得到人们的理解，并对后人产生着现实的影响。基于这一点，怀特海说，客体是自然永远不会消逝的元素。

事实上，怀特海过程哲学中的“生成”与“过程”思想，与中国哲学中“生成”与“变易”接近。比如，《老子》说：“天下万物生于有，有生于无”“道生一，一生二，二生三，三生万物”“有无相生，难易相成”等，这些思想都体现出与过程哲学相似的地方。

★ 西方两千年来的哲学，只不过是柏拉图思想的一系列注脚而已。

★ 压抑高尚的探险希望，就是宗教灭亡的来临。

★ 缺乏进取精神的民族意味着堕落。唯有开拓和竞争，才能立于不败之地。

★ 教育就是获得运用知识的艺术，这是一种很难传授的艺术。

★ 从人类生存的角度来看，只有互助合作才是唯一的真理。

★ 你不要试着去改变整个世界，而是要去欣赏这个世界，因为世界本身很美，只是你没有注意到而已。

★ 我们没有全真理，所有的真理都是半真理。

Lesson 44 伯特兰·罗素 哲学是做什么的

长寿的渊博哲学家

提起《西方哲学史》一书，许多人都不免会想起它的作者伯特兰·罗素。罗素（1872—1970）是英国的数学家、哲学家，也是20世纪西方影响力最大的学者之一。

1872年5月18日，罗素出生在英国辉格党的一个贵族世家。他的祖父在维多利亚时代两度出任首相，获封伯爵爵位；父亲是激进的自由主义者，与哲学家约翰·穆尔是好友。罗素的童年并不幸福，他4岁失去双亲，跟随祖母一起生活。祖母在道德方面要求甚严，敢于蔑视习俗，罗素一生都谨记着祖母对他的教导——“不可随众行恶”。

家境殷实的罗素，儿时并未进入贵族学校，祖母让他跟随保姆和家庭教师学习。1890年，罗素进入剑桥大学三一学院，怀特海曾担任过他的数学老师。三年后，罗素获得数学学士学位，在第四年他把目标转向了哲学，获得了伦理科学学士学位。

1894年，罗素不顾家人的反对，与长他5岁的美国姑娘阿露丝结婚，婚后第三年，他们一起去了柏林。在那里，罗素开始研究政治学和经济学，但并未忽视哲学。1912年，他出版了《哲学问题》一书，里面涵盖了他的许多基本哲学观点。1914年，罗素在哈佛大学开课，受到热烈欢迎，他的演讲稿也被整理出版成书，名为《我们关于外间世界的知识》，表明了他坚定的经验主义立场。

一战爆发后，罗素开始投身到社会活动中，他因一张传单被三一学院解职，还因撰写一篇反战文章入过狱。1920年，罗素访问苏维埃共和国，同年8月到中国讲学。1921年，他回到英国，创立了一所实验学校。此后10多年，他撰写了大量的著作。1938年，纽约市立学院给了罗素一个永久职位，此时正值二战爆发，他被困在了美国。

1944年，罗素回到英国，接受了三一学院的聘请。1949年，他被选为英国科学院荣誉院士，次年英王乔治六世给他颁发了“功绩勋章”，这是英国的最高荣誉。1950年，他到澳大利亚做巡回演讲，后应邀去美国讲授哲学。1961年，他因煽动非暴力反抗运动再次入狱。1964年，他建立了“罗素和平基金会”，直至去世的前两天，他还在为世界和平事业操劳。

罗素一生坎坷，但他活出了自己的本色，也是当之无愧的治学者。他在《我为何而生》中写道：“这就是我的一生，我发现人是值得活的。如果有谁再给我一次生活的机会，我将欣然接受这难得的赐予。”

让哲学回到本真的状态

罗素在其著作《哲学问题》中指出，研究哲学不是像物理学那样寻找问题的最终正解，而是为了问题本身。因为，这些问题扩大了我们所使用的概念的范围，丰富了想象力，减少了独断。他宣称：证明一个哲学问题无法解决，就是解决了这个哲学问题。

在罗素看来，每一个真正的哲学问题都是一个分析的问题；在分析问题时，最好的方法是从结果开始，然后推及前提。这一立场有点接近逻辑原子论，但罗素说，逻辑并不是哲学的一部分。他强调，哲学有两个侧面：一是不如科学，二是探讨的范围大于科学。科学对真理作无私的探讨，不受任何信念或大众愿望的感染，然后提供理论性思考的典范。但是，对于很多有意义且重要的问题，科学无法回答，而哲学很关心这类问题，它可以拓展人类心智的领域。

对于宗教方面，罗素是不可知论者，他无法信仰全能与至善的上帝，因为世上有罪恶与苦难。任何对神存在的证明都是无效的，因为从现象界根本无法推及到非现象界。罗素认为，信仰神存在，无非是人们对某一假设之物采取的自我安慰而缺乏根据的信仰，但这并不意味着，他否定精神层次的生活。

罗素的哲学观非常有见地，他几乎对人类目前所认识的哲学做了完全不同的回答，真正使哲学回归了它本真的状态，让哲学根源于人的心灵，紧扣现实的生活，彻底改变了哲学古板、灰色、抽象的面孔，让人感觉到生动鲜活，富有人情味的哲学。

★ 如果有人要给我再活一次的机会，我将会欣然地接受这难得的赐予。

★ 谈到幸福，总须还有一些心想而未成的东西。

★ 在一切道德品质之中，善良的本性在世界上是最需要的。

★ 有经验而无学问胜于有学问而无经验。

★ 美好的人生是为爱所唤起，并为知识所引导。

★ 无聊，对于道德家来说是一个严重的问题，因为人类的罪过半数以上都是源于对它的恐惧。

★ 我的人生观是：使事业成为喜悦，使喜悦成为事业。

★ 最好的生活是建立在创造活动的基础上。

Lesson 45 路德维希·维特根斯坦 可说与不可说

天才人物的完美范例

路德维希·维特根斯坦（1889—1951）出生在奥匈帝国的维也纳，有四分之三的犹太血统。他的父亲是欧洲钢铁工业巨头，母亲是银行家的女儿，可谓家境殷实。纳粹吞并奥地利后，他转入英国国籍。

维特根斯坦自幼跟兄姊在家里接受教育，1903年通过入学考试后进入林茨的一所中学，跟希勒特是同学。少年时期的维特根斯坦多愁善感，曾经有过自杀的念头。1906年，他到柏林学习机械工程，1908年进入英国曼彻斯特维多利亚大学攻读航空工程动力学学位，1911年进入英国剑桥大学三一学院学习数学，师从罗素。罗素对这个弟子相当满意，他曾说与维特根斯坦的相识是他一生中“最令人兴奋的智慧探险之一”，并称其是“传统定义的天才中最完美的典范”。

一战爆发后，维特根斯坦积极入伍，在战场上完成了《哲学逻辑论》的初稿。他认为，所谓的哲学问题已被解决，就投入了奥地利学校改革运动，做了一名小学教师。可惜，在那里他总是不能被人所理解，最终只好无奈离开。1928年，维特根斯坦在听了数学家布劳维尔关于“数学、科学和语言”的演讲后，重新萌发了强烈的哲学探索兴趣。1929年，他重返剑桥，以《逻辑哲学论》通过了博士答辩，留校担任哲学教授。1947年，维特根斯坦从剑桥辞职，他认为“哲学教授”不过是“一份荒唐的工作”，他想把更多的时间和精力用在思考、写作上。

1951年，身患前列腺癌的维特根斯坦在好友比万医生的家中去世，结束了他极具传奇色彩的一生。临终时，他说：“请告诉我的朋友们，我曾拥有过一个美好的生命。”

哲学的本质就是语言

维特根斯坦是语言学派的代表人物，他的哲学主要研究语言，并认为哲学的本质就是语言。因为，语言是人类思想的表达，是整个文明的基础，哲学的本质只能在语言中寻找。维特根斯坦的著作《逻辑哲学论》和《哲学研究》，代表了他前后期的思想。

《逻辑哲学论》是一部只有80页的经典著作，全书由一个个短小精炼的评注性命题组成，维特根斯坦说，全书的意义可用一句话来概括：“凡是可以说的都可以说清楚，对于不可以说的就必须保持沉默。”

在维特根斯坦看来，自然科学的命题是可说的，因为它接触到实在，以经验事实为对象，且采纳经验方法，可能在经验中加以证实；像伦理、美学、形而上学的东西，无法表达关于世界的真实，在世界之外，也就在语言之外，在逻辑之外，因而不可说。比如，人生和理想这些虚构的事物，就算说得再多，也难以说明白，因为人与人的思想不同，对事物的理解也不一样。既然无法言说，最好的选择就是沉默。

在维特根斯坦看来，语言和世界的关系可概括为图像摹画世界。只有作为图式的命题才能用语言说出来，不能逻辑摹写的事情，语言无法表达。命题是事实的图像，命题是事实的命题。从这一观点上来说，人生的意义和价值，我们是无法确切把握的。

到了后期，维特根斯坦对日常语言的态度有了本质上的改变，他否定了前期的内容和方法，开始用一种动态的观点来看问题。他从自然语言出发，探讨语言的语法结构，提出了“语言游戏说”。他认为创造一套严格的可以表述哲学的语言是不可能的，因为日常生活中的语言是生生不息的，这是哲学的基础和源泉，因此哲学的本质要在日常生活中解决，在“游戏”中理解游戏。

“语言游戏说”是相对于“图像理论说”而言的。在图像理论说中，语言从根本上是一种反映，而语言游戏则认为，语言首先是一种活动，是与其他行为交织在一起的一种活动；在图像理论说中，世界和语言似乎从一开始就是现成的，而语言游戏却是成长出来的，且不断生长和变化。

维特根斯坦代表了一种肆无忌惮、灵活思考的哲学思想传统，给人们的思考方式、思考角度带来了无限的可能性，这也是他作为20世纪最伟大的思想家之一的闪光点。

★ 能说的，就能说得清晰明了；不能说的，就该三缄其口。

★ 语句是事实的图像。

★ 再也没有比不欺骗自己更困难的事了。

★ 世界是随机的巧合，是彼此相互独立的事态之聚合。

★ 哲学即是语言治疗。

★ 人类生活的核心是思考。

★ 只要有对象，就有世界之固定的形式。

★ 一个字词的意义是在语言中所使用的意义。

Lesson 46

马丁·海德格尔 人是“走向死亡的存在者”

最有创见的存在主义者

2006年5月26日，新华社在《历史上的今天》栏目中，缅怀了马丁·海德格尔，并给予这样的评价：“1976年5月26日，当代德国哲学界最有创见的思想家、存在主义的主要代表海德格尔逝世，享年87岁。海德格尔在《形而上学导言》中，将对人类生存的研究看作现实的根本原则。他是当代哲学家中最有影响的本体论学者。”

海德格尔（1889—1976）出生在德国南部巴登州梅斯基希镇的一个天主教家庭，他的父亲是当地教堂的司事，母亲也是天主教徒。1903年—1906年，他在天主教教会的资助下进入康斯坦兹中学读书；1906—1909年，在弗赖堡的文科学校读书，在那里他学习了希腊文和拉丁文；1909年进入弗赖堡大学，先攻读神学，后改为哲学，取得博士学位后，任胡塞尔的助教。1922年，在胡塞尔的帮助下，他进入马尔堡大学做哲学教授，开始撰写自己的著作。

1927年2月，海德格尔的主要著作《存在与时间》正式出版，为他的哲学之路奠定了基础，他也因此声名鹊起。1928年，他接任了胡塞尔在弗赖堡大学的哲学教席，并创建了他的存在主义哲学。1933年，他在纳粹的支持下，出任弗赖堡大学的校长。1945年，盟军解放后，他因这段历史遭受审查和禁课，直至1951年才恢复授课。1959年，海德格尔退休，避居在家乡的山间小屋，只跟少数亲密的朋友一起探讨哲学问题。

人是存在的看护者

海德格尔认为，西方传统哲学中最大的问题在于：只研究什么是存在者，却忘了研究存在本身；只研究谁是存在者，却不问谁在问存在者这个问题。因此他说，柏拉图当时指出的“存在”的真正意思，并没有人真的懂了，他要重新提出并阐述它的意义。

海德格尔曾说：“岩石在，但它们并不存在；树木在，但它们并不存在；马匹在，但它们并不存在；天使在，但他们并不存在；上帝在，但他并不存在。”那么，什么存在呢？他给出的答案是：“存在着的物就是人，唯有人存在着。”

为什么要说岩石、树木都不存在呢？很简单，因为它们是一种固定的、现成的存在，没有自由意识。人有自我选择和自我控制的自由意志，因此人是一种可能的存在。当然，需要指出的是，海德格尔并不是一个人类中心主义者，他只是想让人担负起存在的责任。这就有了那句名言：“人，是存在的看护者。”

海德格尔给人这种存在者，起了一个专有名词，叫“此在”，意指：在此的存在者。人的属性不是现成的，而是处于不断形成之中，人可能一生都在不停地塑造自己，一切皆可改变。因而只能说，人的本质先于他的生存。人的存在不同于其他存在物那样，是一个类属，每个人都是一个存在者。因此，在讨论人这个“此在”时，不能一概而论，要认识到每个人都是不同的个体。

“此在”可分为本真与非本真两种状态。本真的状态，就是“此在”的真实的存在状态，也是一种个体的存在状态；非本真的状态，是处于公众内的“此在”的存在状态，此时，“此在”的个体性被公共性所掩盖。我们必须通过非本真的状态，才能达到本真的存在状态。换言之，每个人都无法避免公众生活，我们真实的存在状态首先是公众的，其次才是个体的。

死亡哲学：向死而生

“此在”的存在方式有两种：其一，在世之在。海德格尔指出，“此在”一旦存在，必然要与外界发生关系，所以它是在世的存在。人在世界之中时，与事物的关系很复杂，海德格尔将人与事物之间的遭遇称为“打交道”，将与事物打交道的时间活动称为“烦忙”。其二，此在与共在。在世界之中，有自我和他人，人的存在注定要与他人共在。

人的一生是通过情绪和情感表现出来的。而人的存在中，最能显露其存在本身意义的，就是对烦、畏、死这些情绪的体验。人永远处于一种未定的状态中，总是不断地筹划自己、设计自己、选择自己、实现自己，获得自己的本质，周而复始。因此，人生来就“烦”。

在《存在与时间》里，海德格尔提到，此在的存在是生存，此在的不再存在就是死亡。表面上看来，似乎人首先生存着，到一定的时间才死去，生存是死亡的否定，死亡是生存的结束，除此之外两者之间再无瓜葛。所以，在海德格尔看来，与其说“不知生，焉知死”，不如说“不知死，焉知生”，生蕴藏着死，死蕴藏着生。

海德格尔认为，人最大的“畏”就是“畏死”，但这不同于我们常说的贪生怕死，而是说人对于“向死而生”的认知。人只有认识到自己是“向死而生”的，才能筹划自己、设计自己。因此，“向死而生”就是提前到死中去，不要等到临死时才去思考死亡。不过，普通人很难认识到这一点，所以，普通人总是害怕死亡，想逃避死亡。

本真意义上的“向死而生”，是将死视为“最本己”的可能性，是人的一种真正的本质。认清了这点，才能从容不迫地面向死亡，进而获得高度的自由，实现自己的一切可能性，并且从对死亡的体验中，反推人生的价值和意义。

★ 对于世界，我要照顾；对于别人，我要关心；对于自我，我要警觉到自我的存在到底是什么。

★ 人的本质是挂念。

★ 相信使别人成为“你”的那个上帝，那个绝对的你。

★ 人生活在时间之流中，不断向前开展，亦即不断被投入到一个“自我设计”的可能性中。

★ 自由地选择自己，成为纯真的存在。

★ 时间是一切“存在领悟”的条件，于是此在即是时间。

★ 我在等待神的降临。

★ 人是“走向死亡的存在者”。

Lesson
47

让-保罗·萨特
我不关心上帝，我只关心人

特立独行的思想者

20世纪有这样一位思想大师，他一生都在积极鼓吹西方社会主义，且怀有怜悯之心。在战后的历次斗争中，他始终站在正义的一边，却从不接受任何奖项，包括诺贝尔文学奖。这个特立独行的思想家，就是法国哲学家、无神论存在主义的代表人物——让-保罗·萨特。

萨特（1905—1980）出生在法国巴黎，年幼丧父，跟随外祖父母长大。他的外祖父是语言学教授，家中有大量藏书，使得萨特早期接受了很好的教育，获得了丰富的知识。

1915年，萨特进入亨利中学，接触到叔本华、尼采等人的哲学；1924—1928年，他考入巴黎高等师范学校，攻读哲学。1933年，萨特到德国留学，开始研究胡塞尔、海德格尔等人的哲学，并在此基础上形成了他的存在主义哲学思想体系。与此同时，他也开始了文学创作。

二战期间，萨特入伍并被俘，战争的经历让他不再单纯关注个人，而是开始关注社会现实，并创作了大量的作品。1943年，他出版了自己的哲学专著《存在与虚无》，指出存在先于本质。到了20世纪50年代初期，萨特成了共产党同路人，并与波伏娃一同访问中国。1960年，他完成了第二部重要的哲学著作《辩证理性批判》的第一部分。1964年，萨特获得诺贝尔文学奖，但他拒绝领取，原因是他不想接受一切官方给予的荣誉。

1974年，萨特的左眼实际上已经完全不能用了（他的右眼在童年时已失明），高血压折磨得他每天至多走半英里路。因为无法继续写作，萨特便说自己丧失了存在的理由。在他人生最后的几个月里，他表现得非常平静，并对自己的思想做了修正。1980年4月15日，萨特在巴黎病逝，享年75岁，五万人走上巴黎街头护送他的灵柩出殡。

存在先于本质

存在主义产于德国，后传到法国，在萨特这里发扬光大。正因为此，才有人对萨特做了至高的评价："法国在萨特之后就再也没有一位真正的思想家。"作为存在主义的集大成者，萨特摒弃了宗教神秘主义和非理性主义，形成了他自成体系的哲学——无神论的存在主义。

在萨特看来，人就像一粒种子偶然地飘落到这个世界上，没有任何本质可言，只有存在着。想要确立自己的本质，只能依靠自己的行动。因此，人不是别的东西，仅仅是他自己行动的结果。他把纯粹的主观性（自为），视为人的基本存在和哲学的出发点，由此推导出外部客观世界的存在，把人的存在视为第一性的。基于此，他提出了"存在先于本质"的观点。

"存在先于本质"大致是说：人最初是一种纯粹的主观性存在，人的本质及各种特征都是后来由主观性自行选择和造就的。因此，世间本无人类本性，因为世间没有设定人类本性的上帝。人，就是由自己造成的东西。物与人不同，它们无法选择和造就自己的本质，它的本质是由人的意志赋予的，是人按照自己的需要、目的，通过意识的作用，让它有了某种意义和价值，然后才作为某物存在于世上。在物出现之前，它的本质已经先存在于人的意识中了。所以，物是本质先于存在的。

萨特的说法，把人和物作了彻底的区分，从而肯定了人的价值和尊严，强调了人的主观能动性、人的地位和作用。可以说，他的存在主义实际上是一种行动哲学。

人是自由的

萨特说："事实上我们是存在于一个只有人没有上帝的世界上。陀思妥耶夫斯基说：'假如上帝不存在，一切事物都有可能。'这就是存在主义的出发点。"由此可见，萨特是一个无神论的存在主义者。他否认上帝对人类的干预，也否认了各种形式的决定论。

在萨特看来，人的选择即自由。他说的自由并非逍遥自在之意，而是不断行动的自由，这种行动的自由体现在选择的自由上。人不必考虑如何获得自由，不必选择通往自由的道路，选择本身就是自由，自由就是自由选择。无论一个人选择了什么，也无论该选择的结果如何，他永远都是自由的。萨特认为，只要一个人活着，必然也必须要选择，也就不可能不自由。

萨特还强调，无论是个人还是群体，都在一定的环境中生存发展，脱离了一定的环境，人的生存和发展就是空谈，因而也就谈不上自由了。只不过，他没有用"环境"一词来表述，而是用"处境"来替代。在他看来，人不该被动地等死，更不该为了逃避现实而轻生，人当珍惜自己的生命，在有生之年不断地自我选择和谋划，赋予生命价值和意义。

同时，萨特认为，人既然是绝对自由的，那么无论发生什么情况，人都必须对自己的选择、行动和价值承担全部的责任。人从来不是孤立存在的，总会处于某种境况中，个人的选择必然会牵连到全人类。因而，人不仅要对自己负责，还当对一切人负责，这就是人的意义和价值。在这里也不难看出，萨特已将存在主义变成了一种人道主义。

★ 生命的意义全由自己选择，全由自己给予。

★ 我不关心上帝，我只关心人。

★ 价值全由自己创造，所有人要为自己也为全人类负责。

★ 人必须选择自己的路，没有任何标准可以遵循。

★ 一个人如果从来不作抉择，就根本没有本质可言。

★ 自由是指：我总是超越现在的我，并将一切实际在我之物化为空无。

Lesson 48 阿尔贝·加缪 在荒诞中找寻幸福

为人类寻求幸福的人

阿尔贝·加缪（1913—1960）是法国声名卓著的“存在主义”文学大师，“荒诞哲学”的代表人物。他出生在阿尔及利亚的蒙多维，1岁丧父，自幼跟随做佣人的母亲移居到贫民区，从小就尝尽了生活的艰辛。后来在一位乡村老师的鼓励下，加缪参加了助学金考试，得以在1924年进入阿尔及尔的中学。

1930年，加缪进入哲学班学习，也是在那一年，他得了肺结核，生病的遭遇让他感受到了生命对人类的不公。1932年，加缪在《南方》杂志上第一次发表随笔作品。1933年，他进入阿尔及尔大学攻读哲学和古典文学。从1935年开始，加缪与戏剧结缘，这对他一生的创作产生了巨大影响。1937年，他出版了随笔集《反与正》，第一次让人们看到了他闪烁着光芒的思想，他的随笔涉及了人在被异化的世界里的孤独感，以及在面对自身罪恶和死亡时该如何抉择等话题。

1940年，加缪去了巴黎，在那里做编辑。不久后，巴黎被纳粹占据，他被迫来到阿尔及利亚的奥兰城。此后一年半的时间里，他一边做教师，一边酝酿自己的作品《鼠疫》。1942年，加缪再次前往巴黎，从事出版行业，后因小说《局外人》成名，书中他提到了存在主义关于“荒谬”的观念。随后，他开始撰写哲学随笔，并结识了波伏娃，共同的兴趣爱好使得他们成了亲密的朋友。

1951年，加缪因发表哲学论文《反抗者》遭到左派知识分子的攻击，这件事也使得他与萨特决裂。此时，他已成了荒诞哲学及其文学的代表人物。1957年，44岁的加缪获得了该年的诺贝尔文学奖，他也成为这个奖项历史上最年轻的获奖者之一。

1960年1月4日，加缪遭遇车祸不幸身亡，年仅47岁。他的提包里，还有一本未完成的小说手稿《第一个人》。这个噩耗很快就成了欧美各大报纸的头版头条，当时《纽约时报》发表评论说：“加缪在荒诞的车祸中丧生，实属辛辣的哲学讽刺。因为他思想的中心是如何对人类处境做出一个思想深刻的正确回答……人们毫不感到意外，我们的时代接受了加缪的观点。血腥的再次世界大战，可怕的氢弹威胁，这一切使现代社会能够接受加缪严肃的哲学，并使之长存于人们的心中。”

荒谬·反抗·自由

加缪不是纯思辨型的哲学家，他完全是以自身的经历、以文学创作中的人物形象与人的行为，推导出时代的哲学命题的、带有哲学思想的小说家。换而言之，在他那里，小说就是形象的哲学。

在《西西弗的神话》中，加缪把人与世界的关系理解为“荒谬”。在他看来，世界是一种非理性的、不可认识和理解的存在，但人却总想运用自己的理性去认识世界、把握世界的本质，理性与非理性的对立就构成了矛盾，产生了荒谬。再者，人的思想总希望对一切都有合情合理的解释，但被认为是人与世界之间关系的纽带“上帝”的消失，使人的精神支柱丧失了，少了宗教信仰，面对生活的本来面目，人就产生了荒谬感。

面对荒谬，人该作何抉择？加缪认为，反抗是对待荒谬的正确态度，而持有这种正确态度的人就是“荒谬的人”。“荒谬的人”敢于与荒谬进行抗争，和命运抗争，在荒谬的世界里坚强勇敢地活下去，这是一种积极的态度。相反，“自杀”是通过死来消解人与世界的对立，从而消解荒谬，这实际上是一种消极的逃避；“荒谬的人”不信仰上帝，不寄希望于未来，完全追求个人的自由；“荒谬的人”尽情地享受现世的生活，追求自我穷尽，一个人应该“感受到他的生活、他的反抗、他的自由，而且是尽可能地感受，这就是生活，而且是尽最大可能地生活。”

如果说《西西弗的神话》是全面解析了荒谬，那么《反抗者》就是对“反抗”进行的深入阐述，这里不仅有哲学思想，也涵盖了他的政治思想和态度。

在加缪看来，反抗的人就是说“不”的人，说“不”意味着他对荒谬的状况和压迫者的一种否定与抗议，这体现出了人对自我价值的尊重，同时反抗也为所有的人创造了价值。因为，反抗的界限和限度，是人与人之间相互理解、团结一致的基础。

对于反抗的行为方式，加缪支持亚里士多德的观点：美德在于“中庸”，坚决反对“要么获得一切，要么丧失一切”的极端主义。同时，他还提倡，要为人的行动确立必要的限制。生活会强加给人一些不可违背的限制，唯有遵纪守法，才能获得日常生活的幸福。

如果用一句话来概括加缪的哲学思想，那么最好的诠释莫过于他的那一句名言：“诞生到一个荒谬世界上来的人唯一真正的职责是活下去，是意识到自己的生活，自己的反抗，自己的自由。”

★ 多少人犯下罪行仅仅因为不能忍受邪恶。

★ 所有伟大的事迹和伟大的思想都有荒谬的开头。

★ 幸福应该在于人与人之互爱。

★ 人是孤独的个体，一方面面对一个丰盈的世界，另一方面面对有限的生命。

★ 幸福不是一切，人还有责任。

★ 攀登顶峰，这种奋斗的本身就足以充实人的心。人们必须相信，登山不止就是幸福。

★ 对未来的真正慷慨，是把一切献给现在。

Lesson 49 约翰·罗尔斯 正义即公平

一个纯粹而成功的学者

在美国有这样一种传言：自二战以来，美国产生了三位最伟大的哲学家，第一位是逻辑学奎因，第二位是政治哲学家、伦理学家约翰·罗尔斯，第三位至今是个空白，一直争论不休。

约翰·罗尔斯（1921—2002）出生在美国马里兰州的巴尔的摩，在家中排行老二。年幼时的罗尔斯生过一场大病，家人不许弟弟博比进入他的房间，但博比为了陪他玩，还是偷偷溜了进去。不久后，兄弟两人都发了高烧。医生误诊了他们的病情，直到很长时间以后才确诊兄弟俩患的是白喉。可惜，年幼的博比未能被治愈，最终夭折。博比的死给罗尔斯带来了巨大的打击，他的母亲认为，大概就是因为这件事，罗尔斯才落下了口吃的毛病。

罗尔斯在一所圣公会的私立学校读的中学，他虽不是教徒，却对宗教信仰有相当的同情与理解。1939年，18岁的罗尔斯进入普林斯顿大学，1943年他从普林斯顿大学哲学系毕业。毕业后，罗尔斯入伍参加了“二战”，被派往太平洋战场，做了一名通信侦察兵。战争即将结束时，罗尔斯放弃了升任军官的机会，退伍回到普林斯顿大学念书。1950年，罗尔斯获得道德哲学博士学位。

此后，罗尔斯陆续在普林斯顿大学、康奈尔大学、麻省理工学院、哈佛大学任教。在此期间，他开始撰写《正义论》，前后三易其稿，终于在1971年正式出版。该著作一经问世，立刻引起了巨大反响，有些评论家把罗尔斯与柏拉图、阿奎那、黑格尔这些先哲相提并论。1979年，罗尔斯荣任“大学教授”，当时哈佛大学全校仅有8人享有这一职位。1993年，罗尔斯的第二本专著《政治自由主义》问世。

罗尔斯性格内向，不善言谈和演讲，说话速度慢，时而口吃，但他的讲课广受尊重，每学期最后一节课学生都要鼓掌到他走远听不到为止，这也成了哈佛的一件著名轶事。罗尔斯极少接受访问，也不喜交际，很像一个老派的英格兰绅士。他对自己的著作一直十分谨慎和缓慢，可谓是“十年磨一剑”。

2002年11月24日，罗尔斯从容辞世，停止了他对公平正义的思考。可他留下来的巨著，却把人类思想史中的诸多艰深问题都纳入其中了，在当代鲜少有思想家能够凭借自己的思想创造出一个产业，但罗尔斯确确实实做到了。

公平的正义的理论

罗尔斯在哲学上最大的成就，莫过于他提出的“公平的正义的理论”。这一理论是以洛克、卢梭、康德的社会契约论为基础，论证西方民主社会的道德价值，反对传统的功利主义，认为正义是社会制度的主要美德，非正义的法律和制度当加以改造和清除。

罗尔斯的正义原则包含两方面的内容：其一，每个人都有权拥有与他人的自由并存的同样的自由，包括公民的各种政治权利、财产权利；其二，社会的和经济的不平等应当这样安排：在与正义的储存原则一致时，适合于最少受惠者的最大利益，也就是差别原则；在机会公平平等的条件下，职务和地位向所有人开放，也就是机会的公正平等原则。正义的两个原则之间，第一原则优先于第二原则，第二原则中的公平机会优先于差别原则。

简单来说，就是要平等地分配各种基本权利和义务，并尽量平等地分配社会合作所产生的利益和负担，坚持各种职务和地位平等地向所有人开放，只给那些处境最不利的弱势群体带来补偿利益的不平等分配。这两个原则充分体现了罗尔斯对人的尊重，也符合人们的心理及现实走向，易于人们接受。同时，他所倡导的正义是社会的正义，承认并强调差别原则，确立了人的权利平等的同时，也照顾到人们的物质利益，在维护社会稳定上起到了很大的作用。

★ 公民的基本自由是一律平等的。

★ 幸福与快乐，利益与善，是同一个概念。

★ 一 个人是否自由，是由社会主要制度规定的权利与义务所决定的。

★ 人生的终极目的是：尽力免除痛苦，在质与量两方面尽可能多地享受生活。

★ 效益原则是：当我们对任何一种行为予以赞成或反对时，我们所考量的是该行为是增加还是减少当事者的幸福。

Lesson 50 伊曼努尔·列维纳斯 他者哲学

逆向思考的哲人

1995年冬天，巴黎北部邦丹公墓，当代法国哲学家德里达深情地说：“我深知，此时此刻，我在你们面前，如此靠近你们，说永别了……我的声音颤抖不已。”让他颤抖着说“永别”的人，正是伊曼纽尔·列维纳斯。

伊曼努尔·列维纳斯（1906—1995）出生在立陶宛考纳斯，幼年在立陶宛接受过传统的犹太教育。在高中时，他阅读了大量的俄国文学，这使得他在1924年进入法国阿尔斯特拉斯堡大学后，对哲学产生了浓厚的兴趣。1926年，列维纳斯遇到他一生的学术伙伴，法国哲学家、文学家布朗肖。他们在一起探讨问题、交流思想，结下了深厚的友谊。

1928年，列维纳斯转入弗赖堡大学，跟随胡塞尔研究现象学，后跟随海德格尔学习，这使得列维纳斯成为最先关注胡塞尔与海德格尔的法国知识分子，并将他们的思想借鉴到自己的哲学中。博士毕业后，列维纳斯到巴黎的一所犹太中学做教师，1961年到普瓦提埃大学任教，1973年到索邦大学任教，直至退休。同时，他也在瑞士弗赖堡大学做兼职教授，在1989年荣获巴尔扎恩哲学家。

我与他者的关系

列维纳斯认为，西方文化在本体论的传统中出现了危机，使得社会面临种种恶果，究其原因就是在对“总体性”和“同一性”的追求中，忘记了“他者”。

列维纳斯所说的“他者”分为两种：一种是传统意义上的“他者”，可以转化为同一或自我的他者，即“相对的他者”。在西方哲学中，这一他者被众多哲学家提过，比如黑格尔的“他者”之于“绝对”，海德格尔的“共在”之于“此在”。在他看来，这种他者有其价值，但无法揭示“他者”的真正含义。此外，还有另一种“他者”，也称为“彻底的他者”或“绝对的他者”，其特点是绝不能还原为自我或同一。在西方哲学中没有这种“他者”的传统，只有对这种“他者”的占有或同一，因此列维纳斯的哲学，简单来说就是要保护“他者”不受“同一”的侵害。

列维纳斯的他者，是存在的他者而非我的他者，既不是另外一个我，也不是外在于我的对象。他认为，伦理是与来自世界外部的他者发生关系，唯有在与他者的关系中，才能有伦理存在的根基。在列维纳斯看来，他者是上帝或无限的象征，否定了自我包含一切的总体性：我和他人的关系，不是冲突关系，也不是共在关系，我对他人负有绝对的责任，但是他人并不因此对我产生责任。

关于上帝，列维纳斯是这样说的：“我是通过人与人的关系来确定上帝，而不是采取相反的途径……上帝不能与我相遇，而是处在我的期待之中。正因为我永远期待上帝，上帝确实存在。”当然，他所期待的上帝，是“未受存在玷污的上帝”。在他看来，上帝与人是“没有关系的关系”。作为绝对的他者，上帝闪耀在我与他人的相遇之中，唯有通过人与人的伦理关系，谈论上帝才有意义。

列维纳斯的伦理观点虽不合传统伦理的规范，却也不失为一种伦理。他试图通过一种现象学的描述，表明伦理是生存的条件，在这种描述中，伦理对人有了更深的要求，即我对他人的责任和义务是绝对的。这一点，也是他的哲学对人的启发。

★ 面貌的原意是脸，它不只是表面所见的，也包含整个人在内。

★ 我是通过人与人的关系来确定上帝，而不是相反的途径。

★ 面貌是一种外在的无限，只有在它向我呈现时，我才能与他者发生真实的关系。

★ 只有通过人与人的伦理关系谈论上帝才有意义。

★ 只有爱可以对抗及超越邪恶。

★ 当我应该对上帝说点什么时，我总是从人的关系出发。